짧아서 더 많이 쓰는
제스처×영어표현들

백선엽

아는 사람은 다 아는 대한민국 대표 영어책 저술가 백선엽은 국내에서 보기 드문 '영어 커뮤니케이션' 전문가다. 그는 미국에서 저널리즘과 커뮤니케이션을 공부하면서 단순히 영어로 말한다는 개념을 넘어서 제대로 된 의사소통을 하려면 어떻게 해야 하는지 고민했다. 거침없고, 지치지 않는 에너지를 가진 그는 언론학 교수로서, 베스트셀러 작가로서 영어와 교육에 대한 열정을 한계 없이 쏟고 있다. 현재 태국 방콕의 Thammasat University에서 커뮤니케이션을 가르치며 배움의 기회를 넓히고 있다.

저서

〈영어 쓰기 패턴 사전〉 〈비즈니스 영어 이메일 패턴 사전〉 〈영어회화 핵심패턴 233〉 〈3초 5단어 영어회화〉 〈오십을 위한 오! 쉬운 영어〉 〈박경림 영어성공기〉

짧아서 더 많이 쓰는 제스처×영어표현들

지은이 백선엽
초판 1쇄 인쇄 2025년 5월 21일
초판 1쇄 발행 2025년 6월 2일

발행인 박효상   **편집장** 김현   **기획·편집** 장경희, 오혜순, 이한경, 박지행   **디자인** 임정현
마케팅 이태호, 이전희   **관리** 김태옥

기획·편집 진행 오혜순   **교정·교열** 안현진

종이 월드페이퍼   **인쇄·제본** 예림인쇄 · 바인딩

출판등록 제10-1835호   **발행처** 사람in   **주소** 04034 서울시 마포구 양화로 11길 14-10 (서교동) 3F
전화 02) 338-3555(代)   **팩스** 02) 338-3545   **E-mail** saramin@netsgo.com
Website www.saramin.com

ISBN
979-11-7101-158-2 14740
979-11-7101-157-5 (세트)

우아한 지적만보, 기민한 실사구시 **사람in**

짧아서 더 많이 쓰는

제스처
×
영어표현들

백선엽 지음

미국에서 오랜 시간 공부하고 생활하면서 제가 깨달은 점은, 영어를 아무리 열심히 배워서 말한다 해도 진정한 소통을 하기가 쉽지 않다는 것입니다. 이유는 단순합니다. 우리의 소통에는 보이지 않는 언어 즉, 제스처gesture에 대한 이해가 빠져 있었던 것이지요. **말의 억양과 어조가 중요한 것처럼, 제스처 역시 대화의 맥락과 뉘앙스를 결정하는 핵심이 되기도 합니다.**

미국인들의 제스처는 우리 눈에는 과장되어 보이지만 그들의 대화에 자연스럽게 스며들어 있습니다. 표정은 물론이고, 손짓, 고갯짓, 어깻짓 등 온몸으로 의사를 표현하고 자기 감정을 전달하지요. 이러한 제스처들은 우리 무의식에 깊이 뿌리내린 비언어적 소통의 규칙이라 할 수 있습니다. 우리 한국인도 그렇습니다. 믿을 수 없는 일, 놀라운 일이 벌어졌을 때 저절로 눈썹을 치켜올리지요. 불만이 있거나 실망감을 느낄 때는 두 눈을 굴리고, 뭔가 숨기는 것이 있을 때는 시선을 아래로 떨굽니다. 미국인이나 한국인이나 제스처는 비슷하다, 이 얘깁니다.

제스처는 배운다기보다는 알아차리는 것입니다. 제스처를 통해 상대방의 감정과 의도를 포착하면, 여러분은 즉각적으로 상황에 맞는 적절한 말들로 반응해 줄 수 있습니다. 저는 수년 동안 이를 관찰하고 연구하면서, 미국인들이 자주 사용하는 제스처를 정리하고, 그 상황에서 그들이 쓰는 일상영어 표현들도 기록하였습니다. 그러면서 비언어인non-verbal 제스처와 언어verbal가 결합돼야 비로소 어색하지 않은 대화가 이루어진다는 것을 알게 되었습니다. 그리고 **이 표현들은 짧아서 네이티브가 더 많이 쓰고, 더 영어다워서 자연스러운 표현들입니다.**

상대	**눈썹을 치켜올리며** **Is this for real?** 이거 실화?
나의 반응	**This is really happening!** 진짜라니까!

상대	**두 눈을 굴리며** **I disagree.** 동의 안 해.
나의 반응	**I don't care.** 상관없어.

상대	**시선을 아래로 떨구며** **I can't talk right now.** 지금은 말하기 곤란해.
나의 반응	**Just tell me!** 그냥 말해!

상대	**양쪽 어깨를 으쓱하며** **I don't have a clue.** 난 전혀 몰라.
나의 반응	**I'll ask someone else.** 다른 사람에게 물어볼게.

이렇게 제스처로 상대의 감정과 의도를 포착하면 상대의 제스처에 반응만 할 게 아니라, 역할을 바꾸어 여러분도 제스처와 함께 할 말을 떠올리고 더 정확하게, 적극적으로 자기 의사 표현을 할 수 있습니다. 네이티브처럼 툭 던지고 지나가는 짧은 일상영어 표현들로 자연스럽고 효과적으로 소통할 수 있는 것입니다. 제스처와 표현을 융합하고 응용하면 내 영어의 효과가 배가 되는 것을 경험하실 겁니다.

영어를 배우는 궁극적인 목적은 진정한 소통에 있습니다. 지금까지의 영어 공부가 딱딱하고 이론적이었다면, 이제부터는 상황에 따른 제스처와 함께, 짧아서 네이티브가 더 많이 쓰는 일상회화 표현들로 입체적인 소통을 해 보세요. 이 책을 통해, 단순히 단어와 문장을 공부하는 것을 넘어서, 더 센스 있고 살아 있는 표현을 익히실 수 있을 겁니다. 함께 엄지를 치켜세우며 외쳐볼까요? **I honestly like it!** 진짜 마음에 들어!

이 책의 구성과 활용

1 이 책은 제스처와 회화표현이 어떻게 어우러지는지를 보여줍니다.

시선의 방향이나 손가락의 위치, 즉 제스처에 따른 상황을 제목과 그림으로 파악해 보세요.① 그런 다음 네이티브는 이 동작과 함께 이런 말을 할 거예요!에서 제스처와 함께 나오는 회화표현과 그 의미를 이해하고,② 그럼 우린 어떻게 반응할까요?에서 어떤 표현들로 반응하는지 알아보세요.③ Dialogue에서는 실제 제스처 상황 속 네이티브 간의 일상 대화를 확인할 수 있습니다.④

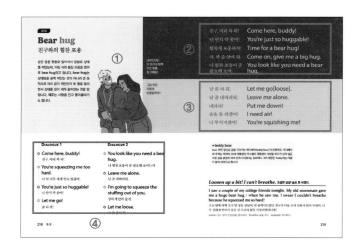

2 짧아서 네이티브가 더 많이 쓰는 회화표현들만 꾹꾹 담았습니다.

같은 뜻이면 네이티브는 단어 하나라도 짧게 말합니다. 제스처 상황별 평균 5~6단어의 짧은 회화표현들로 더 자연스럽고, 더 영어다운 소통을 할 수 있습니다. 이런 짧은 문장들을 마치 한 단어처럼 하나의 덩어리로 기억하고, 듣고 말하기 연습을 해 보세요.

3 친절한 영어 선생님처럼 문장을 두 번씩 들려줍니다.

첫 번째는 외국어로서의 영어 학습자EFL를 위한 교과서적 발음입니다. 듣기만 해도 문장이 어떤 단어들로 이루어져 있는지 알 수 있을 정도로 또박또박 읽습니다. 두 번째는 네이티브의 일상적 어투를 최대한 살리고, 첫 번째보다 좀 더 빠르게 말합니다. 제스처에 따라 감정을 싣고, 축약과 연음을 자연스럽게 살렸습니다. 문장이 짧고 제스처별 상황이 있다 보니 두 번 모두 비슷하게 들리는 때도 있습니다.

첫 번째 **또박또박 버전**

• 속도가 느림
• 분명한 발음
• EFL 학습자 맞춤

두 번째 **제스처가 깃든 일상 버전**

• 속도가 빠르고, 문장이 한 덩어리처럼 들림
• 축약과 연음, 상황을 살린 일상적 어투
• 제스처에 맞는 감정을 더해, 어조가 약간 달라짐

제스처에 따른 회화표현을 두 번씩 듣고 말하는 반복연습을 한 후, Dialogue에서 네이티브 간의 일상적 어투의 대화를 확인할 수 있습니다.

음원 듣는 법 MP3 음원 바로 듣기 및 다운로드

홈페이지 saramin.com ▶ 도서명 검색
네이버 [오디오클립] ▶ 도서명 검색

---

4 자연스러운 소통을 위해 수준 높은 단어도 수록했습니다.

자연스러운 대화에 꼭 필요한 수준 높은 단어들을 수록해 어휘 활용의 폭이 넓어집니다. 한글 해석이 함께 제시돼 자연스럽게 의미 파악이 가능합니다. 예를 들어, pathetic이라는 단어를 몰라도, **That was pathetic!**이라는 표현이 우리 말로 **형편없어!**를 뜻한다는 것을 알기에 상황에 맞게 말할 수 있습니다. 또 다른 예로는 **Are you being sarcastic?** 지금 비꼬는 거야?, **Don't take it literally.** 말 그대로 받아들이지 마. 등이 있습니다.

CONTENTS

PART 1 표정

PART 2 어깻짓

PART 3　손짓

PART 4 고갯짓

PART 5 몸짓

PART 6 기타

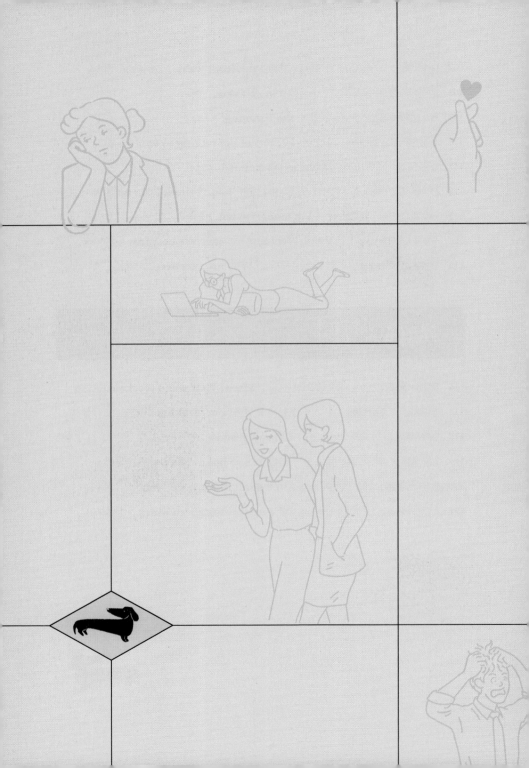

PART 1 표정

Is this for real?
이거 실화?

MP3 음원
바로 듣기 및 다운로드

Raised eyebrows
눈썹을 치켜올리는 모습

믿을 수 없는 일, 놀랄 만한 일이 벌어졌을 때 눈썹이 저절로 올라가고 눈도 커집니다. 더 많이 놀랄수록 눈썹이 더 높이 올라가고 입까지 떡 벌어지지요. 좋은 소식을 들었을 때, 서프라이즈 선물을 받았을 때 이런 기분 좋은 놀란 표정을 볼 수 있어요.

네이티브는
이 동작과 함께
이런 말을
할 거예요!

그럼 우린
어떻게
반응할까요?

DIALOGUE 1

○ Is this for real?
이거 실화야?

○ This is really happening!
진짜라니까!

○ I'm shocked!
완전 충격이야!

○ You earned this.
네가 이룬 거라니까.

DIALOGUE 2

○ I'm so surprised!
너무 놀랍다!

○ You deserve it.
네가 이룬 거야.

○ I don't know what to say.
무슨 말을 해야 할지 모르겠어.

○ Congratulations!
축하해!

이거 실화야?	Is this for real?
설마! 진짜?	No way! Really?
어쩜 이런 일이?	How can this be?
너무 놀랍다!	I'm so surprised!
말도 안 돼!	This can't be happening!

넌 그럴 자격이 있어.	You deserve it.
너 몰랐어?	You didn't know?
널 위한 거야.	This is for you.
우리가 놀라게 했어?	Did we surprise you?
이거 정말이라니까!	This is really happening!

★ **You deserve it.**
'넌 그럴 자격이 있어', '네가 이룬 거야'라는 뜻으로, You earned it.과 함께 원어민들이 정말 많이 쓰는 영어 표현입니다.

Surprise! This is for you! 서프라이즈! 이 선물은 할머니 거예요!

We got my grandma a new car / for her birthday. She couldn't believe it. Her mouth dropped open / and her eyes grew so wide. She was so surprised!

할머니 생신 선물로 새 차를 사 드렸어. 할머니는 믿을 수 없어서 입이 떡 벌어지고 눈은 완전히 커지셨어. 할머니가 정말 놀라셨어!

drop open (입이) 떡 벌어지다

Rolling eyes
눈을 굴리는 모습

말 그대로 두 눈알을 마구 돌리면서 부라리는 거죠. 친구나 동료에게 화가 났거나 실망했을 때 하는 제스처입니다. 또는 당황스러운 광경이나 이상한 상황에 맞닥뜨렸을 때 눈을 돌리기도 합니다. 원어민의 큰 눈이 돌아가면, 부정적인 상황임을 빨리 감지하고 적극적으로 대응하세요.

네이티브는
이 동작과 함께
이런 말을
할 거예요!

그럼 우린
어떻게
반응할까요?

DIALOGUE 1

○ **You can't do that.**
그러면 안 되지.

○ **I can do what I want.**
난 내가 원하는 걸 할 수 있어.

○ **I disagree.**
난 동의 안 해.

○ **I don't care.**
난 상관없어.

DIALOGUE 2

○ **That doesn't make sense.**
그건 말도 안 돼.

○ **You frustrate me.**
너 참 답답하다.

○ **I'm not listening.**
네 말 안 들을 거야.

○ **You never listen to me.**
넌 내 말은 절대로 안 듣지.

그러면 안 돼.	You can't do that.
넌 어쩔 수가 없구나!	You're impossible!
난 동의 안 해.	I disagree.
난 안 들을래.	I'm not listening.
그건 말도 안 돼.	That doesn't make sense.

난 상관없어.	I don't care.
너 원하는 대로 해.	Do whatever you want.
그럼 네 식대로 해.	Do it your way then.
난 내가 원하는 걸 할 수 있지.	I can do what I want.
내 말에 동의 안 해도 돼.	You don't have to agree with me.

★ You're impossible!
'넌 어쩔 수가 없구나!', '너 진짜 안 되겠다!'라는 의미로, 상대방이 너무 고집
이 세거나 이해하기 어려울 때 사용합니다.

I can't believe you said that. 네가 그런 말을 했다니 믿기지가 않아.

I had an awful day at school today. My best friend and I / got into a
fight / and she told me / she didn't agree with my choices. I rolled my
eyes at her / and told her I couldn't put up with her.

오늘 학교에서 끔찍한 하루를 보냈어. 가장 친한 친구랑 싸웠는데, 걔가 내 선택에 동의하지 않
는다고 했어. 난 걔한테 눈을 부라리고 참을 수 없다고 말했어.

awful 끔찍한, 지독한 get into a fight 싸우다 agree with ~에 동의하다 roll one's eyes at ~에게 눈을 부
라리다 put up with ~를 참다

Downward glance
시선을 떨구는 모습

대화 도중에 상대방이 눈을 아래로 내리깔면서 눈길을 피한다면, 이는 나한테 뭔가 숨기는 것이 있거나 거짓말을 하고 있거나, 혹은 나한테 겁을 먹고 말을 제대로 못 하는 상황이라고 보면 됩니다.

네이티브는
이 동작과 함께
이런 말을
할 거예요!

그럼 우린
어떻게
반응할까요?

DIALOGUE 1

○ **I feel nervous.**
긴장돼.

○ **Why?**
왜?

○ **I can't talk right now.**
지금은 말하기 곤란해.

○ **Just tell me!**
그냥 말해!

DIALOGUE 2

○ **I don't know who did it.**
누가 그랬는지 난 모르겠는데.

○ **Tell me the truth.**
사실대로 말해.

○ **I'm not sure.**
잘 모르겠어.

○ **You're lying!**
너 거짓말하네!

잘 모르겠어.	I'm not sure.
난 말 못 해.	I can't tell you.
너한테 말할 수가 없어.	I can't talk to you.
지금은 말하기 곤란해.	I can't talk right now.
당황스럽네. 말 못 해.	I'm embarrassed. I can't say.

너 거짓말하네!	You're lying!
왜? 그냥 말해!	Why? Just tell me!
사실대로 말해.	Tell me the truth.
너 나한테 거짓말하니?	Are you lying to me?
너 솔직하지 않네.	You're not being honest.

Tell me what's wrong. 뭐가 문제인지 나한테 말해 봐.

It seems like / there is something wrong with my friend. Every time we talk, / she avoids looking at me / and looks down a lot. I think / she may be hiding something from me.

내 친구한테 뭔가 문제가 있는 것 같아. 우리가 얘기할 때마다 친구는 내 눈을 피하고 자꾸 아래를 쳐다봐. 아무래도 나한테 뭔가를 숨기는 것 같아.

It seems like ~인 것 같다 avoid 피하다 hide [A] from [B] ~에게 …를 숨기다

21

Upward glance
시선을 위로 두는 모습

두 눈을 위로 지그시 치켜올리는 제스처는 뭔가를 생각하고 있다는 거죠. 한쪽 눈만 치켜올리면 upward glance가 되지 않습니다. 대화 도중 상대방이 말을 멈추고 두 눈을 위로 지그시 치켜 올린다면, 다음에 할 말을 생각하거나 적절한 단어를 찾고 있다는 뜻으로 이해하셔도 좋습니다.

네이티브는 이 동작과 함께 이런 말을 할 거예요!

그럼 우린 어떻게 반응할까요?

DIALOGUE 1

○ **I'm trying to remember.**
기억을 떠올리려고 하는 중이야.

○ **What can't you remember?**
뭐가 기억이 안 나는데?

○ **The directions to her house.**
걔네 집으로 가는 방향.

○ **I can help you.**
내가 도와줄 수 있어.

DIALOGUE 2

○ **Let me think.**
생각 좀 해 봐야겠어.

○ **What's on your mind?**
무슨 생각 하는데?

○ **I'm not telling you.**
너한테 얘기 안 할 거야.

○ **Why won't you tell me?**
왜 말 안 하는데?

생각 좀 해 봐야겠어.	Let me think.
기억이 안 나.	I can't remember.
기억 좀 해 보고.	I'm trying to remember.
생각 좀 해 보고.	I'm trying to picture it.
이제 기억 나는 것 같아.	I think I remember that.

무슨 생각 하고 있어?	What's on your mind?
뭐가 기억이 안 나는데?	What can't you remember?
내가 기억나게 도와줄게.	Let me help you remember.
도울 일 있으면 알려줘.	Let me know if I can help.
지금 무슨 생각 해?	What are you thinking about?

★I'm trying to picture it.
picture는 '그림, 사진'의 뜻으로 많이 쓰지만, 동사로 '~을 마음속에 그리다, 상상하다'를 뜻하기도 합니다. 이 표현은 생각을 한번 그려 보겠다는 의미입니다.

I think I remember that. 이제 기억 나는 것 같아.

Steve asked me / what the girl at the party looked like. I had to think really hard / to remember her. She had blonde hair / and had a pink dress on. I shared that information with him. He said he knows her.

Steve가 파티에서 봤던 그 여자애가 어떻게 생겼는지 물어봤어. 내가 기억해 내려고 무지 애썼거든. 그 여자애는 금발에 분홍색 원피스를 입고 있었어. Steve에게 그렇게 말했더니 자기가 아는 여자래.

blonde hair 금발 머리   have [명사] on ~를 입다   share 공유하다

23

Squinting eyes
눈을 가늘게 뜬 모습

앞에 있는 물건이나 사람이 잘 안 보이면 눈을 찡그리면서 보게 되죠? 이렇게 가늘게 찡그린 눈이 squinting eyes입니다. 또한 잘 모르는 문제에 대한 해답을 찾는 등 뭔가에 대해 골똘히 생각할 때도 눈을 가늘게 뜨게 됩니다.

네이티브는
이 동작과 함께
이런 말을
할 거예요!

그럼 우린
어떻게
반응할까요?

DIALOGUE 1

○ **I can't read the screen.**
화면을 읽을 수가 없어.

○ **Can I help you?**
내가 도와줄까?

○ **Can you see that?**
저게 보여?

○ **I can see it.**
난 보여.

DIALOGUE 2

○ **I can't decide.**
내가 결정을 못 하겠어.

○ **How can I help you?**
내가 뭘 도와줄까?

○ **I need to think about it.**
생각을 좀 해야겠어.

○ **Okay, let me know.**
좋아, 나중에 알려 줘.

저게 보여?	Can you see that?
화면을 읽을 수가 없어.	I can't read the screen.
내가 알아내려고 하는 중.	I'm trying to find out.
생각을 좀 해야겠어.	I need to think about it.
답을 찾는 중이야.	I'm looking for the answer.

내가 도와줄까?	(How) Can I help you?
뭐가 보여?	What can you see?
알아낸 거야?	Did you get it?
알아냈어?	Did you figure it out?
좋아, 나중에 알려 줘.	Okay, let me know.

★ 아주 미국적인 표현 3인방
 – come up with(떠오르고 생각나다): What did you come up with?
 – figure out(알아내고 발견하다): Did you figure it out?
 – options(선택지=choices): What are your options?

Do you need me to read it to you? 제가 대신 읽어 줄까요?

I just went to McDonald's for lunch. The man in front of me / was squinting / while looking at the menu board, so I asked him / if I could help him. He had left his glasses at home / and couldn't read the menu, / so I helped by reading it to him.

점심 먹으러 맥도날드에 갔어. 내 앞에 있던 남자분이 눈을 찡그리고 메뉴판을 보길래 도움이 필요한지 여쭤봤어. 그분은 집에 안경을 두고 와서 메뉴판을 읽을 수가 없었어. 그래서 내가 대신 읽어 드렸어.

squint 눈을 가늘게 뜨고[찡그리고] 보다   menu board 메뉴판

006

Furrowed eyebrows
눈썹을 찌푸린 모습

두 눈썹이 중간으로 팍 모이면서 이마에 주름이 형성되는 모습을 영어로는 furrowed라고 합니다. 어떤 상황이 이해가 안 되거나 확신할 수 있을지 어떨지 모를 때, 어떤 문제를 해결하거나 질문에 대한 답을 찾으려고 할 때 이런 표정을 지으면서 생각에 잠기곤 하죠.

네이티브는
이 동작과 함께
이런 말을
할 거예요!

그럼 우린
어떻게
반응할까요?

DIALOGUE 1

○ I can't get it!
잘 모르겠어!

○ Let me help.
내가 도와줄게.

○ This doesn't make sense.
이건 말이 안 돼.

○ I can explain it to you.
내가 설명해 줄게.

DIALOGUE 2

○ What's that?
저게 뭐야?

○ Our homework assignment.
우리 숙제.

○ I don't get it.
난 잘 모르겠는데.

○ I'll do it for you.
내가 도와줄게.

난 잘 모르겠어.	I don't get it.
뭐가 뭔지 모르겠어.	I'm lost.
뭐가 어떻게 되는 거지?	What's going on?
난 이해가 안 돼.	I don't understand.
이건 말이 안 되는데.	This doesn't make sense.

내가 도와줄게.	Let me help.
내가 설명해 줄 수 있어.	I can explain it.
이러면 도움이 될 거야.	This should help.
내가 해 줄게.	I'll do it for you.
내가 대신해 줄게.	Let me do it for you.

I'll show you how to do it. 어떻게 하는지 보여줄게.

One of my students / was struggling with their math homework. She had a confused look on her face / and was feeling frustrated / because she didn't understand. We worked on the homework together / until she had a better understanding.

내 학생 중 하나가 수학 숙제 때문에 힘들어 했어. 이해를 못 해서 혼란스러운 표정이 얼굴에 역력했고, 좌절하고 있었어. 그래서 그 애가 잘 이해할 때까지 우린 함께 숙제를 풀었어.

struggle with ~로 고심하다 have a confused look on one's face 혼란스러운 표정을 하다 frustrated 좌절감을 느끼는 work on ~에 애쓰다 until ~할 때까지

Wrinkled nose
코를 찡그린 모습

입술을 쭉 내밀고 볼을 빵빵하게 부풀린 뒤, 코
윗부분을 당기면 코가 구겨지면서 주름이 생
깁니다. 어떤 사람들은 코를 주름지게 할 때 입
술까지 쭉 내밀곤 하죠. 코를 찡그리는 건 보통
뭔가 고약한 냄새가 난다는 신호예요.

네이티브는
이 동작과 함께
이런 말을
할 거예요!

그럼 우린
어떻게
반응할까요?

Dialogue 1

○ Do you smell that?
냄새나지?

○ That's awful!
냄새가 정말 고약하네!

○ I need fresh air!
바깥바람을 좀 쐬야겠어!

○ That's the worst!
최악이야!

Dialogue 2

○ I can't stand the smell.
냄새를 참을 수가 없어.

○ What's wrong?
뭐가 문제지?

○ It's a terrible smell!
냄새가 정말 심해!

○ That's disgusting.
역겨워.

냄새나지?	Do you smell that?
방귀 뀌었어?	Did you fart?
냄새가 정말 심하네!	It's a terrible smell!
냄새를 참을 수 없어.	I can't stand the smell.
저게 뭐야? 냄새가 고약해!	What is that? That stinks!

응, 냄새나. 고약하네!	Yes, I smell it. That's awful!
나 아니야.	It wasn't me.
그리 나쁘지는 않은데.	It's not that bad.
난 아무 냄새도 안 나는데.	I don't smell anything.
누가 방귀 뀐 것 같은데.	I think someone farted.

It's horrible. 끔찍해.

We were at a party / and Lisa looked at me with a wrinkled nose. I asked her / what was wrong / and she said / someone by her / passed gas / and she could smell it.

우리는 파티에 있었는데, Lisa가 코를 찡그리며 나를 쳐다봤어. 그래서 무슨 일이냐고 물었더니, 옆에 있던 누군가가 방귀를 뀌어서 그 냄새가 난다고 하더라고.

wrinkled 주름이 있는 pass gas 방귀를 뀌다

Squeezing bridge of nose
손으로 콧대를 잡는 모습

엄지와 검지로 두 눈 사이의 콧대 부분을 꽉 누를 때가 있죠? 이 동작은 뭔가 답답하고 짜증 나는 걸 곰곰이 생각할 때 나옵니다. 예를 들어 회의나 대화 도중 누군가 이런 동작을 한다면 '아, 이건 정말 골치 아픈데!'라고 생각하고 있는 겁니다.

네이티브는
이 동작과 함께
이런 말을
할 거예요!

그럼 우린
어떻게
반응할까요?

DIALOGUE 1

○ **I don't like the idea.**
난 그 생각 별로야.

○ **Why not?**
왜 별론데?

○ **I just don't.**
그냥 별로야.

○ **Tell me why.**
이유를 말해 봐.

DIALOGUE 2

○ **I need to think about it.**
생각을 좀 해 봐야겠어요.

○ **Let me know what you decide.**
결정하시면 제게 알려 주세요.

○ **Let me do some research.**
제가 조사를 좀 해 볼게요.

○ **Take your time.**
천천히 하세요.

좀 살펴볼게.	I'll look into it.
난 그 생각 별로야.	I don't like the idea.
생각 좀 해 봐야 할 듯.	I need to think about it.
안 될 것 같은데.	I don't think it will work.
그 계획에 반대야.	I disagree with the plan.

네 생각은 뭔데?	What's your idea?
그게 뭐가 문젠데?	What's wrong with it?
왜 별론데? 이유를 말해 봐.	Why not? Tell me why.
왜 마음에 안 들어?	Why don't you like it?
결정하면 나한테 알려 줘.	Let me know what you decide.

Take your time and let me know. 생각해 보고 알려 주세요.

I told my boss about my new idea for marketing. He seemed to like it.
He thought about it for a while / and pinched the bridge of his nose.
He said / he'll think about it / and get back to me.

새로운 마케팅 방안을 상사에게 이야기했는데, 마음에 들어 하는 것 같았어. 한동안 생각하더니 콧대를 집더라. 상사가 생각해 보고 다시 말해 주겠다고 했어.

pinch (손가락으로) 꼬집다 the bridge of one's nose 콧대, 콧등 get back to ~에게 나중에 다시 연락하다

009

Rubbing finger along
side of the nose
손으로 코 옆을 문지르는 모습

검지로 코와 뺨이 만나는 부분, 즉 눈 아래쪽을 쓱쓱 문지르는 동작입니다. 이 동작은 보통 뭔가를 마음에 들어 하지 않는다거나, 어떤 말이나 의견에 동의하지 않는다는 신호예요. 대놓고 찡그리는 표정보다는 약간 점잖은 표현입니다.

네이티브는
이 동작과 함께
이런 말을
할 거예요!

그럼 우린
어떻게
반응할까요?

DIALOGUE 1

○ **I don't like it.**
난 싫은데.

○ **What do you mean?**
그게 무슨 말이야?

○ **I don't think you should do that.**
너 그거 안 하는 게 좋을 것 같아.

○ **Tell me why.**
이유를 말해 봐.

DIALOGUE 2

○ **I don't like the idea.**
난 그 생각 마음에 안 들어.

○ **Why not?**
어째서 마음에 안 드는데?

○ **Can I share my idea?**
내 생각을 말해도 될까?

○ **Tell us what you think.**
네 생각을 우리한테 말해 봐.

난 싫은데.	I don't like it.
그건 틀린 것 같은데.	I think it's wrong.
난 생각이 좀 달라.	I have a different idea.
난 이거 하기 싫어.	I don't want to do this.
너 그거 안 하는 게 좋겠어.	I don't think you should do that.

그게 무슨 말이야?	What do you mean?
그게 뭐가 문젠데?	What's wrong with it?
네 생각은 뭐야?	What's your thought?
네 생각을 우리한테 말해봐.	Tell us what you think.
넌 뭘 하고 싶은데?	What do you want to do?

> **★ I think ~**
> 원어민들은 웬만해선 100% 확신에 찬 표현은 잘 쓰지 않고, I think(~인 것 같아) 같은 표현 뒤에 본인의 의견을 내는 방식을 많이 사용합니다.
> I think he is right. 그가 맞는 것 같아.
> I think she will be okay. 그녀는 괜찮을 것 같아.

I don't agree with you. 난 네 말에 동의하지 않아.

Jane was telling all of my friends and me / about her new boyfriend. She was talking about / how sweet he is. My other friend kept rubbing her nose and under her eyes. My friend thought / Jane was lying about it.

Jane이 새 남자친구에 대해 저와 친구들한테 얘기하고 있었어요. 그가 얼마나 다정한지에 대해 말이죠. 그런데 다른 친구가 자꾸 코랑 눈 밑을 문지르는 거예요. 그 친구는 Jane이 거짓말을 하고 있다고 생각한 거죠.

keep -ing 계속 ~하다   rub 문지르다   lie 거짓말하다 (현재분사 lying)

Touching
side of the mouth
입가를 만지는 모습

손을 입가로 올려서 느슨하게 주먹을 쥐고 입 주변을 만지는 동작을 한다면, 그건 지금 뭔가를 생각 중이거나 상황을 궁금해하고 있다는 뜻이에요. 이 동작은 흔히 눈을 약간 가늘게 뜨고 위를 바라보는 표정과 함께 나오죠. 마치 "흠… 이게 어떻게 된 걸까?"라고 말하는 듯한 제스처입니다.

네이티브는 이 동작과 함께 이런 말을 할 거예요!

그럼 우린 어떻게 반응할까요?

DIALOGUE 1

○ **Hmmmm...**
음…

○ **Need any help?**
도움 필요해?

○ **I wonder what that is.**
저게 뭔지 궁금해.

○ **Let me see it.**
내가 한번 볼게.

DIALOGUE 2

○ **I can't picture it.**
도무지 상상이 안 돼.

○ **Let me show you.**
내가 보여 줄게.

○ **That would help!**
그래 주면 좋고!

○ **We can work on it together.**
우리 함께 해 보자.

저게 뭐지?	I wonder what that is.
생각해 볼게.	I'll give it some thought.
도무지 상상이 안 돼.	I can't picture it.
그걸 곰곰이 생각 중이야.	I'm thinking it through.
무슨 일인지 알고 싶어.	I'd like to know what happened.

내가 한번 볼게.	Let me see it.
내가 보여 줄게.	Let me show you.
네 생각을 말해봐.	Tell us what you think.
그건 내가 도와줄게.	I'll give you a hand with it.
우리 함께 해 보자.	We can work on it together.

★ work on
어떤 문제를 풀고 있거나 어떤 일을 하고 있다고 할 경우 work on을 씁니다.
가령 학교 리포트나 회사 보고서를 '지금 하고 있어'라고 말할 때는 I'm
working on it.이라고 하면 됩니다.

We can work on it together. 우리 함께 해 보자.

I was working with a partner on this project / and he was struggling. I could tell / he couldn't understand / because he kept putting his finger to his mouth / and squinting at me / like he was confused. I finally asked him / what he didn't understand / and we talked through it together.

이 프로젝트를 파트너와 함께 작업하고 있었는데, 그는 어려워했어요. 그가 계속 입에 손가락을 대고 눈을 가늘게 뜨고 혼란스럽다는 듯이 저를 쳐다보는 걸 보니 이해가 안 되는 것 같더라고요. 그래서 결국 그에게 어느 부분이 이해가 안 되는지 물어보고 함께 대화로 해결했어요.

squint at 실눈을 뜨고 ~를 보다　talk through ~에 대해 자세히 이야기를 나누다

011

Open mouth with fast breathing

입을 벌린 채 호흡이 가쁜 모습

누군가가 입을 벌리고 빠르게 숨을 쉰다면, 이는 심리적으로 놀라 멘붕인 상태거나 화가 났다는 신호일 수 있어요. 스트레스를 받았을 때도 입을 벌리고 숨을 가쁘게 쉴 수 있죠. 그리고 계단을 오르거나 운동을 해서 육체적으로 힘을 많이 쓴 사람도 입을 벌리고 헐떡일 수 있어요.

네이티브는 이 동작과 함께 이런 말을 할 거예요!

그럼 우린 어떻게 반응할까요?

DIALOGUE 1

I'm really nervous.
나 너무 긴장돼.

Take a deep breath.
심호흡을 해 봐.

I'm freaking out!
완전 멘붕이야!

Don't panic!
당황하지 마!

DIALOGUE 2

I can't breathe.
숨을 쉴 수가 없어요.

Are you okay?
괜찮으세요?

I was running.
달리던 중이었어요.

Do you need some water?
물 좀 드시겠어요?

나 패닉 상태야.	I'm panicking.
나 걱정돼.	I feel anxious.
나 완전 멘붕이야!	I'm freaking out!
숨을 쉴 수가 없어.	I can't breathe.
나 너무 긴장돼.	I'm really nervous.

괜찮아?	Are you okay?
심호흡을 해 봐.	Take a deep breath.
당황하지 마! 숨 쉬어!	Don't panic! Breathe!
뭘 줄까?	What can I get you?
물 좀 마실래?	Do you need some water?

★I'm freaking out!

freak out은 mad, angry, upset 상태가 되는 것으로, I'm freaking out!(완전 멘붕이야!)이나 Don't freak out.(흥분하지 마) 등으로 미드나 영화에 꽤 자주 등장하는 표현입니다.

Go get some water! 가서 물 좀 마셔!

Jacob called me yesterday. I had just gotten home from a long run / and was breathing heavily and quickly / and I could hardly talk. He asked me / if I was okay, / so I told him / I had just gotten home from running.

어제 Jacob한테서 전화가 왔어요. 장거리 달리기를 끝내고 집에 막 도착한 참이어서 숨이 너무 가빠서 말을 제대로 할 수 없었죠. Jacob이 저한테 괜찮냐고 묻길래, 방금 달리기를 마치고 집에 왔다고 했죠.

get home 집에 오다   breathe 숨을 쉬다   hardly 거의 ~할 수 없다

37

012

Pursed lips
입술을 오므린 모습

이렇게 입술을 뾰로통하게 오므리는 것은 상대방의 의견에 동의할 수 없을 때, 또는 뭔가가 마음에 안 들고 싫을 때 종종 나오는 표정입니다. 못마땅해하면서도 딱히 구체적으로 뭐가 못마땅한지 말은 안 하는, 조금은 어린아이 같은 표정이죠.

네이티브는 이 동작과 함께 이런 말을 할 거예요!

그럼 우린 어떻게 반응할까요?

DIALOGUE 1

○ I'm unhappy.
난 별로야.

○ What's the issue?
문제가 뭔데?

○ I don't like them.
그것들이 마음에 안 들어.

○ Why don't you like them?
왜 안 좋아?

DIALOGUE 2

○ I'm upset.
기분이 상했어.

○ What's wrong?
뭐가 문제인데?

○ I feel frustrated.
갑갑하고 짜증 나.

○ Get over it!
잊어버려!

난 별로야.	I'm unhappy.
난 다르게 생각해.	I feel differently.
갑갑하고 짜증 나.	I feel frustrated.
그것들이 마음에 안 들어.	I don't like them.
그건 내 의견이 아니야.	That's not my opinion.

문제가 뭔데?	What's the issue?
왜? 뭐가 문제인데?	Why? What's wrong?
왜 안 좋아?	Why don't you like it?
잊어버려!	Get over it!
네 의견은 뭐야?	What's your opinion?

Don't you like it? 그거 별로야?

My best friend and I / went shopping. I tried on a really pretty dress.
I could tell by my friend's pursed lips / that she didn't like it.

친한 친구랑 쇼핑을 갔어. 난 정말 예쁜 옷을 입어 보았어. 그런데 친구의 오므린 입술을 보고 개
는 그것을 안 좋아한다는 것을 알았어.

try on (옷을) 입어 보다   pursed lips 오므린 입술

013

Flattened lips
입술을 굳게 다문 모습

뭐가 마음에 안 드는지 심통이 나서 입술을
굳게 다물고 있는 것을 영어로는 flattened
lips라고 합니다. 어떤 상황이나 사람에 대해
서 부정적인 마음을 표현하는 방법입니다.
음식에 대해서도 이런 방식으로 먹기 싫다고
표현할 수 있습니다.

네이티브는
이 동작과 함께
이런 말을
할 거예요!

그럼 우린
어떻게
반응할까요?

DIALOGUE 1

o **I disagree.**
난 동의하지 않아.

o **With what?**
뭐를?

o **You made a bad choice.**
넌 잘못된 선택을 했어.

o **I think we made the right choice.**
난 우리가 맞는 선택을 한 것 같은데.

DIALOGUE 2

o **I don't like it.**
난 마음에 안 들어.

o **What's the problem?**
뭐가 문젠데?

o **It's ugly.**
촌스럽잖아.

o **I don't care what you think.**
네가 어떻게 생각하든 난 신경 안 써.

난 동의하지 않아.	I disagree.
난 마음에 안 들어.	I don't like it.
네가 틀린 것 같아.	I think you're wrong.
잘못된 선택이야.	You made a bad choice.
난 더 먹고 싶지 않아!	I don't want any more!

뭐가 문제인데?	What's the problem?
너 지금 무례해.	You're being rude.
틀린 사람은 바로 너야.	You're the one who is wrong.
난 좋은 선택 같은데.	I think it's a good choice.
네가 어떻게 생각하든 난 신경 안 써.	I don't care what you think.

★ You're being rude.
상대방이 매우 무례하게 행동하고 있음을 지적할 때 쓰는 표현으로, '너 지금 무례해', '너 완전 밥맛이야!'라는 의미로 쓸 수 있습니다.

I don't care what you think. 네가 어떻게 생각하든 난 신경 안 써.

Jackie kept looking at me with a funny face. Her lips were in a straight line / and she just looked funny. I finally asked her / what was wrong, / and she told me / she didn't like my dress. She told me / it was ugly. I can't believe / she would say that!

Jackie가 계속 우스꽝스러운 얼굴로 나를 쳐다보았어. 걔 입술이 일자가 되었는데 좀 이상해 보였어. 결국 뭐 문제 있냐고 물어보았더니 내 드레스가 마음에 안 든다나. 촌스럽다고 하더라. 걔가 그런 말을 하다니!

straight line 직선   ugly 추한

014

Chewing bottom lip
아랫입술을 씹는 모습

누군가가 자꾸 아랫입술을 깨물거나 씹고 있다면, 그건 겁에 질렸거나 불안하다는 신호입니다. 혹은 어떤 상황에서 불편함을 느끼고 있거나, 뭔가 걱정거리가 있다는 의미일 수도요. 그래서 입술을 깨물면서 '이거 진짜 괜찮은 거 맞아?' 하고 속으로 고민하고 있는 것입니다. 입술이 말해 주는 걱정의 몸짓인 거죠.

네이티브는
이 동작과 함께
이런 말을
할 거예요!

그럼 우린
어떻게
반응할까요?

DIALOGUE 1

- I feel uncomfortable here.
  난 여기가 좀 불편해.

- There's no reason to feel uncomfortable.
  불편할 게 뭐가 있어.

- I'd like to leave.
  가고 싶어.

- You can leave if you want.
  원하면 가도 돼.

DIALOGUE 2

- I hope everything is okay.
  다 잘되면 좋겠다.

- It will be okay.
  다 잘될 거야.

- I worry about him.
  난 걔가 걱정돼.

- I'm sure he'll be fine.
  걘 괜찮을 거야.

오늘 불안해.	I feel anxious today.
진정이 안 되네.	I can't settle down.
난 여기가 좀 불편해.	I feel uncomfortable here.
다 잘되면 좋겠다.	I hope everything is okay.
난 그저 끝났으면 좋겠어.	I just want it to be done.

너 하던 대로 해.	Just be yourself.
잠시 긴장 풀어.	Just relax a bit.
잘하고 있어.	You're doing great.
걱정 마! 괜찮을 거야.	Don't worry! It will be okay.
긴장하지 마. 괜찮아.	Don't be nervous. You're fine.

★ Just be yourself.
오버하지 말고 그냥 '너답게 하던 대로 행동해'라는 의미입니다.

I just want it to be done. 난 그저 끝났으면 좋겠어.

I'm getting ready to present / at our yearly conference. I'm so nervous!
My hands are sweating / and I can't stop biting my lip. I'll be happy /
when this is over.

지금 연례 회의에서 발표할 준비를 하고 있어요. 너무 긴장돼요! 손에 땀이 나고 입술을 자꾸 깨
물게 돼요. 이게 끝나면 정말 기쁠 거예요.

present 발표하다   sweat 땀을 흘리다   bite one's lip 입술을 깨물다

015

Turned down lips
입꼬리가 내려간 모습

입꼬리가 아래로 내려갔다는 것은 기분이 별로이거나 뭔가가 마음에 안 든다는 것을 의미합니다. 입꼬리가 아래로 내려가는 동시에 눈을 아래로 깔거나 고개를 숙이는 동작이 동반되기도 합니다. 다들 기왕이면 입꼬리는 내리지 말고 올리며 살기로 해요.

네이티브는
이 동작과 함께
이런 말을
할 거예요!

그럼 우린
어떻게
반응할까요?

DIALOGUE 1

○ I'm so upset.
나 완전 열받았어.

○ What's wrong?
왜 그래?

○ I failed my class.
나 F학점 받았어.

○ Don't worry. Everything will be fine.
걱정 마. 다 괜찮을 거야.

DIALOGUE 2

○ Something is wrong.
뭔가 이상해.

○ What's the matter?
뭐가 문제야?

○ I don't feel well.
몸이 안 좋아.

○ I hope you feel better soon.
어서 나아지길 바라.

나 슬퍼.	I feel sad.
나 완전 열받았어.	I'm so upset.
몸이 안 좋아.	I don't feel well.
걱정돼.	I'm worried.
뭔가 잘못됐어.	Something is wrong.

왜 그래?	What's wrong?
잘 풀릴 거야.	It will work out.
걱정하지 마!	Don't worry about it!
다 괜찮을 거야.	Everything will be fine.
뭘 걱정하는 거야?	What are you worried about?

I hope you feel better soon. 어서 나아지길 바라.

I could tell something was wrong / when I saw Mike's face. He was frowning / and looked pale. He told us / he wasn't feeling well, / so we made him go home and rest. I hope / he feels better tomorrow.

Mike의 얼굴을 보니 뭔가 잘못되었다는 것을 알 수 있었어. 그는 얼굴을 찡그리고 창백해 보였어. 몸이 안 좋대서 집에 가서 쉬라고 했어. 내일은 그가 좀 나아졌으면 좋겠어.

frown 얼굴을 찡그리다 pale 창백한 rest 쉬다

016

Pouting lips

입이 삐죽 나온 모습

pouting lips는 입술을 모아서 앞으로 쭈욱
내미는 형태로, 주로 아이들이 뭔가 사고 싶
거나 원하는 게 있는데 부모님이 들어주지
않을 때 삐졌다는 의미의 입술 표현입니다.
물론, 철없는 어른들도 이런 pouting lips
를 통해서 토라졌다는 표현을 하기도 해요.

네이티브는
이 동작과 함께
이런 말을
할 거예요!

그럼 우린
어떻게
반응할까요?

DIALOGUE 1

○ I want this.
저 이거 사 주세요.

○ No, we can't get it.
안 돼, 우린 못 사.

○ Pretty please~.
제발요.

○ No.
안 돼.

DIALOGUE 2

○ Please buy me this!
이거 사 주세요!

○ I'll buy it for you.
그래 사 줄게.

○ Thank you!
감사합니다!

○ You deserve it.
너는 받을 만해.

속상해.	I'm upset.
이건 불공평해요!	It's not fair!
이거 가질래요!	Let me have it!
이거 사 주세요! 제발요.	I want this! Pretty please.
이거 갖고 싶어요. 제발요!	I'd like this. Please, pleeease!

안 돼, 우린 못 사.	No, we can't get it.
우린 살 돈이 없어.	We can't afford it.
우린 살 수 없어.	We can't buy that.
그래 사자!	Let's get it!
내가 사 줄게.	I'll buy it for you.

★ Pretty please.
'제발요', '부탁이에요'란 의미로, 상대방에게 더 귀엽고 애교 있게 부탁할 때 이렇게 말합니다.

I'll get it. 내가 사 줄게.

My son asks for everything / when we go shopping. He saw a new baseball bat at the store yesterday / and asked / if I would get it for him. He was pouting and begging for it, / but I didn't buy it. I'm going to get it for his birthday next week. He'll be so surprised.

우리 아들은 쇼핑만 가면 다 사 달라고 해요. 어제는 가게에서 새로 나온 야구 방망이를 보고 사 줄 건지 물어요. 아들이 입술을 삐죽거리며 사 달라고 졸랐지만, 사 주지 않았어요. 다음 주 개생일 선물로 사 줄 예정입니다. 아들이 완전 놀라겠죠.

ask for ~를 달라고 청하다   pout 뿌루퉁하다   beg for ~를 구하다

017

Putting index finger
to lips

검지를 입술에 댄 모습

검지(index finger)를 입술에 가져다 대면
조용히 하라는 의미인 것은 만국 공통의 제
스처입니다. 이 제스처를 하면서 입으로는
Shhhhh!라고 하죠.

네이티브는
이 동작과 함께
이런 말을
할 거예요!

그럼 우린
어떻게
반응할까요?

Shhh! shhh!

DIALOGUE 1

○ **Shhhhh!**
쉿!

○ **I'm not being loud.**
난 크게 안 떠들었는데.

○ **No talking!**
말하면 안 된다니까!

○ **I'll shut up.**
입 다물고 있을게.

DIALOGUE 2

○ **You need to be quiet.**
좀 조용히 해.

○ **I'm sorry!**
미안!

○ **You're too loud.**
너 너무 크게 떠든다.

○ **I'm trying to be quiet.**
조용히 하려고 하는 중이야.

쉿!	Shhhhh! / Hush!
말하면 안 돼!	No talking!
목소리를 낮춰.	Quiet down.
조용히 해.	You need to be quiet.
너 너무 크게 떠든다!	You're too loud!

조용히 할게.	I'll be quiet.
미안! 조용히 할게.	I'm sorry! I'm being quiet.
나 크게 안 떠들었는데.	I'm not being loud.
입 다물게.	I'll shut up. / I'll shut my mouth.
나 아니야! 쟤들이야.	It wasn't me! It was them.

I'll whisper. 귓속말로 할게요.

We were at the library / and I was telling a friend about a book / I had just read. The librarian put her finger to her lips / and told me to be quiet. I apologized / and told her / I'd whisper.

우린 도서관에 있었는데 친구에게 내가 방금 읽은 책에 대해 말해 주고 있었어요. 도서관에 근무하는 직원이 손가락을 입술에 대면서 조용히 해 달라고 했어요. 나는 사과하고 귓속말로 하겠다고 했어요.

librarian 도서관 직원   apologize 사과하다   whisper 속삭이다

018

Pressing tongue against cheek

혀를 뺨에 대고 누르는 모습

입을 다문 채 혀로 볼 안을 누르면 볼이 살짝 불룩해져요. 이 제스처는 뭔가 확신이 서지 않을 때 합니다. 또는 말을 꺼내기 전에 '이걸 어떻게 말하지?' 하며 머릿속으로 고민이 될 때도 이 제스처를 하죠. 그러니 누군가가 볼을 불룩하게 하고 있다면, 지금 뭔가를 심각하게 고민 중일지도 모릅니다.

네이티브는
이 동작과 함께
이런 말을
할 거예요!

그럼 우린
어떻게
반응할까요?

DIALOGUE 1

○ **I can't choose. There're too many options.**
고를 수가 없어. 선택지가 너무 많아.

○ **They all look good.**
다 좋아 보이네.

○ **I don't know which to choose.**
어떤 걸 선택해야 할지 모르겠어.

○ **Need me to choose?**
내가 골라 줄까?

DIALOGUE 2

○ **Hmm... I'm intrigued.**
음… 흥미롭네.

○ **What is it? Do you need help?**
뭔데? 도와줄까?

○ **I need a moment alone.**
잠시 혼자 생각 좀 할게.

○ **Okay, I'll come back later.**
그래, 나중에 다시 올게.

고를 수가 없어.	I can't choose.
선택지가 너무 많아.	There're too many options.
잠시 혼자 생각 좀 할게.	I need a moment alone.
생각을 정리해 볼게.	Let me gather my thoughts.
어떤 걸 선택해야 할지 모르겠어.	I don't know which to choose.

다 좋아 보이네.	They all look good.
내가 골라 줄까?	Need me to choose?
좋아, 나중에 다시 올게.	Okay, I'll come back later.
네 결정은?	What would you decide?
내가 선택해 볼까?	Why don't you let me choose?

★ I'm intrigued.
intrigued는 '흥미 있는, 호기심을 가진'이란 뜻의 형용사입니다. 그래서 I'm intrigued. 하면 '흥미롭네', '호기심이 발동하네' 정도로 이해하면 됩니다.

Which is better? 어떤 게 더 낫지?

We were picking out a gift / for my mom's birthday. We found a couple bracelets / that we liked, / and I told my sister / she could choose which to buy. She stared at them with her tongue in her cheek, / so I knew / she was struggling to make a decision. We ended up deciding on one together.

우리는 엄마 생일 선물을 고르고 있었어요. 우린 마음에 드는 팔찌 몇 개를 찾았고, 난 언니에게 어떤 걸 살지 선택하라고 했죠. 언니가 혀를 볼에 댄 채 팔찌들을 쳐다보는 걸 보니, 결정하기가 힘든 것 같더라고요. 결국 함께 하나를 골랐어요.

pick out ~를 고르다   bracelet 팔찌   stare at ~를 응시하다

019

Tongue in front of teeth
혀를 앞니 사이로 살짝 내민 모습

혀를 앞니 사이로 살짝 내밀거나, 특히 혀가 위쪽 앞니를 감아올려서 윗입술을 밀어내고 있다면, 이것은 불확실성의 신호입니다. 상대방은 뭔가 말을 입 밖으로 꺼내기 전에 '뭐라고 말해야 하지?' 하고 머릿속에서 한바탕 전투를 치르고 있는 것이죠. 어떤 상황에서 무슨 말을 해야 할지 확신이 서지 않을 때 이런 제스처를 할 수 있습니다.

네이티브는 이 동작과 함께 이런 말을 할 거예요!

그럼 우린 어떻게 반응할까요?

DIALOGUE 1

What should we get?
우리 뭘 사야 하지?

I have no idea!
나도 모르겠는데!

It's alright.
괜찮아.

You pick it out.
네가 골라.

DIALOGUE 2

I can't say.
모르겠어.

I'll figure it out.
내가 파악해 볼게.

I'm sorry.
미안.

That's okay.
미안은 무슨.

모르겠다!	I have no idea!
확실하지 않아.	I'm not positive.
전혀 모르겠는데.	I don't have a clue.
모르겠어.	I can't say.
내가 아는 한 그건 아니야.	Not as far as I know.

괜찮아.	It's alright.
내가 파악해 볼게.	I'll figure it out.
우리 알아내야 해.	We should find out.
나도 몰라.	I don't know, either.
아무 말 안 해도 돼.	You don't have to say anything.

I have no idea! 모르겠어요!

I asked my son / where his homework was. He gave me a blank look with his tongue wrapped around his teeth / and finally said / he didn't know. I made him go back to school / to get it.

저는 아들에게 숙제가 어디냐고 물었어요. 아들은 혀로 이를 감싸고 나를 멍한 표정으로 보더니 결국 모르겠대요. 전 아들에게 다시 학교에 가서 알아 오도록 했어요.

give [명사] a blank look ~를 향해 멍한 표정을 짓다   wrap around ~를 휘감다

020

Biting fingernails
with teeth
이로 손톱을 물어뜯는 모습

손바닥이 느슨하게 주먹을 쥔 채 턱을 향하며, 손톱 끝을 이로 깨무는 행동은 불안하거나 어색할 때 사람들이 흔히 보이는 습관적인 제스처입니다.

네이티브는
이 동작과 함께
이런 말을
할 거예요!

그럼 우린
어떻게
반응할까요?

DIALOGUE 1

○ **I'm freaking out!**
나 완전 멘붕이야!

○ **What's wrong?**
왜 그래?

○ **I think I'm lost.**
길을 잃은 것 같아.

○ **It's going to be okay.**
괜찮을 거야.

DIALOGUE 2

○ **He's mad at me.**
걔 나한테 화났어.

○ **It's going to be okay.**
괜찮을 거야.

○ **I think we're breaking up.**
우리 깨질 것 같아.

○ **Everything will work out.**
모든 게 잘 풀릴 거야.

길을 잃은 것 같아.	I think I'm lost.
나 질 것 같아.	I'm going to lose.
너무 답답해.	I'm really frustrated.
난 자신이 없어.	I'm unsure of myself.
걔 나한테 화났어.	He's mad at me.

왜 그래?	What's wrong?
넌 잘할 거야!	You'll do great!
괜찮을 거야.	It's going to be okay.
모든 게 잘 풀릴 거야.	Everything will work out.
너 걔랑 얘기했어?	Did you talk to him?

It's going to be okay. 괜찮을 거야.

Jessica was really upset today. She was biting her nails and crying. She told me / that her and her boyfriend / had a big fight / and she was worried / he was going to break up with her. I told her / to call him and talk about it.

Jessica가 오늘 정말 속상해했어요. 그 앤 손톱을 물어뜯으며 울고 있었어요. Jessica는 남자친구랑 크게 싸웠는데, 남자친구가 헤어지자고 할까 봐 걱정된대요. 전 그 애에게 남자친구한테 전화해서 얘기해 보라고 했어요.

bite one's nails 손톱을 깨물다   have a big fight 대판 싸우다   break up with ~와 헤어지다

021

Biting inside of cheek
뺨 안쪽을 깨무는 모습

이로 양쪽 볼 안을 가볍게 깨무는 건 뭔가 말하고 싶지만 꾹 참고 있을 때 자주 나오는 모습입니다. 예를 들어 뭔가에 동의하지 않거나, 상대방의 기분을 상하게 하고 싶지 않아 하고 싶은 말을 꾹 참고 조용히 있으려고 볼을 깨무는 거죠. 참고로 I'm biting my tongue.이라고 하면, 말하고 싶어서 입이 근질근질한데 혀를 깨물면서 참고 있다는 뜻이에요.

네이티브는
이 동작과 함께
이런 말을
할 거예요!

그럼 우린
어떻게
반응할까요?

Dialogue 1

I'd like to hear what you think.
네 생각을 듣고 싶어.

I don't have anything to add.
추가할 게 하나도 없는데.

Are you sure?
정말?

I'm positive.
그럼, 정말이지.

Dialogue 2

That's really cool.
정말 멋지다.

Tell me the truth.
사실대로 말해 봐.

I think it's a great idea.
내 생각에 좋은 아이디어라니까.

Thank you!
고마워!

정말 멋지다.	That's really cool.
난 뭐든지 괜찮아.	I'm up for anything.
네 아이디어로 하자.	Let's go with your idea.
정말 좋은 생각인 것 같아.	I think it's a great idea.
난 더 추가할 게 없어.	I don't have anything to add.

확실해?	Are you sure?
숨기지 말고 말해.	Don't hold back.
사실대로 말해 봐.	Tell me the truth.
나한테 솔직하게 말해 봐.	Be honest with me.
네 생각을 말해 봐.	Tell me what you think.

★Let me add something.
반대로 회의 등에서 자기 의견을 첨가할 때 쓰면 좋은 표현이 Let me add something.(한마디만 덧붙일게요)입니다.

You look awesome. 너 정말 멋져 보여.

Sara showed me the shirt / she was going to wear / to her interview on Friday. I told her / it looked nice. I was biting the inside of my cheek / because I really thought it was ugly, / but I didn't want to hurt her feelings.

Sara가 금요일 면접 때 입을 셔츠를 보여 줬어요. 난 예쁘다고 말했어요. 사실은 정말 별로라고 생각해서 볼 안쪽을 깨물고 있었지만, 그녀의 기분을 상하게 하고 싶지 않았어요.

inside 안쪽(면)

022

Tapping teeth with fingernails, pencil, etc.

손톱, 연필 등으로 이를 톡톡 치는 모습

연필이나 펜, 손톱 같은 것을 사용해 앞니를 톡톡 두드리면 입안에서 울리는 소리가 나죠. 이행동은 지루하다는 표시이기도 하지만, 뭔가를 집중해서 생각하고 있다는 신호일 수도 있어요.

네이티브는
이 동작과 함께
이런 말을
할 거예요!

그럼 우린
어떻게
반응할까요?

DIALOGUE 1

○ I can't have any interruptions.
방해받으면 곤란해.

○ What's the matter?
무슨 일 있어?

○ I need to focus on my project.
내 프로젝트에 집중해야 해.

○ I'll leave you to it.
방해하지 않을게.

DIALOGUE 2

○ I have to meet a deadline.
마감일을 맞춰야 해.

○ I'll let you get back to work.
다시 일하도록 해.

○ I'm trying to focus.
집중을 좀 하려고.

○ Didn't mean to interrupt!
방해하려던 게 아냐!

집중을 좀 하려고.	I'm trying to focus.
몇 분만 더 시간을 줘.	Give me a few minutes.
이것을 끝내야 해.	I need to get this finished.
마감일을 맞춰야 해.	I have to meet a deadline.
방해받으면 곤란해.	I can't have any interruptions.

나중에 들를게.	I'll stop by later.
방해하지 않을게.	I'll leave you to it.
내가 방해하고 있어?	Am I interrupting?
방해하려던 게 아냐!	Didn't mean to interrupt!
다 하면 알려 줘.	Let me know when you're done.

I'll shut your door. 문은 내가 닫을게.

I stopped by Mark's office today. He was tapping his teeth / and squinting at his computer. I knew he was deep in thought, / so I didn't interrupt him. I'll stop by later / to ask my question.

오늘 Mark의 사무실에 들렀어요. 그는 이를 톡톡 두드리며 찡그리며 컴퓨터를 보고 있었어요. 뭔가 깊이 생각 중인 것 같아서 방해하지 않았어요. 질문은 나중에 다시 들러서 하려고요.

tap 톡톡 두드리다   squint at ~를 실눈을 뜨고 보다   deep in thought 깊은 생각에 잠긴

023

Suggestive smile
은밀하게 보내는 미소

suggestive smile은 남녀 사이에 서로 꼬시는 듯이 호감을 표시하는 은밀한 미소입니다. 눈을 지긋이 뜨고 입가를 살짝 들어 올려서 씩 웃으면서 호감을 표시하는 거죠. 일반적으로는 관심이 있는 이성에게 짓는 미소이지만, 다른 사람들은 모르는 뭔가를 알고 있을 때 이 미소를 짓기도 합니다.

네이티브는 이 동작과 함께 이런 말을 할 거예요!

그럼 우린 어떻게 반응할까요?

DIALOGUE 1

○ **I think you're handsome.**
미남이시네요.

○ **You're pretty cute, too.**
그쪽도 귀여워요.

○ **Can I have your number?**
전화번호 좀 알려 주시겠어요?

○ **Of course!**
당연하죠!

DIALOGUE 2

○ **I'd like to get to know you.**
당신을 좀 더 알고 싶어요.

○ **Give me a call sometime.**
시간 될 때 전화 주세요.

○ **I will!**
그럴게요!

○ **Here's my number.**
여기 제 번호예요.

정말 재미있으시네요.	I find you funny.
당신 미소가 마음에 들어요.	I like your smile.
미남이시네요.	I think you're handsome.
당신을 좀 더 알고 싶어요.	I'd like to get to know you.
전화번호 좀 알려 줄래요?	Can I have your number?

감사합니다!	Thank you!
그쪽도 귀여워요.	You're pretty cute, too.
저도 당신에 대해서 좀 더 알고 싶어요.	I'd like to get to know you, too.
여기 제 번호예요.	Here's my number.
시간 될 때 전화 주세요.	Give me a call sometime.

★ I like ~
누군가를 만났는데 특별히 할 말이 없다면 I like ~로 말문을 열어 보세요. I like your dress.(드레스가 예쁘네요), I like your tie.(넥타이가 멋지네요), I like your shoes.(신발 예쁘네요)와 같은 칭찬 표현을 싫어할 사람은 없으니까요.

Would you like to get dinner? 저녁 어때요?

I saw a beautiful girl at a party last night. She gave me a suggestive smile, / so I introduced myself. I asked her to dinner this week / and she said yes!

어젯밤 파티에서 정말 예쁜 여자애를 봤어. 그녀가 나한테 은밀하게 미소를 보내서, 나도 그녀에게 내 소개를 했어. 그녀에게 이번 주에 저녁 먹자고 했더니 좋다고 했어!

give [명사] a smile ~에게 미소 짓다   suggestive 도발적인, 암시하는

024

Laughing smile
호탕한 웃음

큰소리로 웃으면서 환하게 그리고 시원스럽게 웃는 웃음을 영어로는 laughing smile이라고 합니다. 우리식으로 생각하면 호탕한 웃음이죠. 입을 크게 벌리고 때로 머리를 뒤로 젖히면서, 시원하게 웃어 재낍니다. 그 사람이 진정으로 즐겁고 행복하다는 것을 알 수 있지요.

네이티브는 이 동작과 함께 이런 말을 할 거예요!

그럼 우린 어떻게 반응할까요?

DIALOGUE 1

I can't believe you did that!
네가 그랬다니 안 믿겨!

It was hilarious!
정말 웃겼다니까!

I can't stop laughing!
웃음을 멈출 수가 없네!

My stomach hurts from laughing!
너무 웃어서 배가 아파!

DIALOGUE 2

I'm having a blast.
너무 재미있어.

We should do this more often.
우리 이거 더 자주 하자.

I agree!
동의!

Let's do it again tomorrow.
내일 또 하자.

이거 정말 웃긴다!	This is so funny!
너무 재미있어.	I'm having a blast.
너 미쳤구나! 정말 웃겨!	You're crazy! Too funny!
웃음을 멈출 수가 없어!	I can't stop laughing!
네가 그랬다니 안 믿겨!	I can't believe you did that!

너무 웃겼어!	It was hilarious!
정말 재밌었어!	We had a blast!
난 정말 크게 웃었어.	I laughed so hard.
너무 웃어서 배가 아파!	My stomach hurts from laughing!

Let's go again! 다시 가자!

I took my kids to the amusement park yesterday. We rode the new roller coaster. It was so fun! They laughed / and had the biggest smiles. I'm glad we went. We had such a good time.

어제 아이들을 놀이공원에 데려갔어. 우린 새로운 롤러코스터를 탔어. 정말 재미있었어! 아이들은 크게 웃으며 함박웃음을 지었어. 가길 잘했어. 너무 좋은 시간이었어.

amusement park 놀이공원   ride (탈것을) 타다

025

Shy smile
수줍은 미소

고개를 숙이고 눈은 밑으로 깔고 수줍게 웃는 웃음을 영어로 shy smile이라고 합니다. 외국인이라고 모두 다 씩씩하고 활발하다고 생각하면 오산입니다. 외국인 중에도 수줍음을 많이 타는 내성적인 사람들이 아주 많습니다. 이 shy smile은 어색한 자리에서 불편함을 느낄 때도 지을 수 있습니다.

네이티브는
이 동작과 함께
이런 말을
할 거예요!

그럼 우린
어떻게
반응할까요?

DIALOGUE 1

○ **Maybe I should go.**
나 가 봐야 할 것 같아.

○ **You're fine. Stay!**
괜찮아. 좀 있어 봐!

○ **I feel awkward.**
좀 어색해서.

○ **Don't go anywhere.**
아무 데도 가지 마.

DIALOGUE 2

○ **I shouldn't be here.**
나 여기 있기 좀 그렇네.

○ **Why not?**
왜?

○ **I don't know anyone.**
아는 사람이 하나도 없어.

○ **You fit right in.**
금방 적응할 거야.

어색해.	I feel awkward.
나 가 봐야 할 것 같아.	Maybe I should go.
여긴 내가 있을 곳이 아니야.	I shouldn't be here.
아는 사람이 하나도 없어.	I don't know anyone.
다들 나만 쳐다봐.	Everyone is looking at me.

금방 적응할 거야.	You fit right in.
아무 데도 가지 마.	Don't go anywhere.
괜찮아. 여기 있어.	You're fine. Stay here.
왜? 조금만 더 있어.	Why? Stay a little longer.
아무도 너 안 쳐다봐!	No one is watching you!

★ You fit right in.
fit right in은 무리나 모임에 어려움 없이 바로 적응하고 어울리는 것을 의미합니다.

Stay a little longer. 조금만 더 있어.

My friend came with me to the Christmas party tonight. I could tell she was nervous / when we first got there / because of her shy smile. I talked her into staying / and she ended up having a blast.

오늘 밤 크리스마스 파티에 친구랑 왔어. 우리가 처음 도착했을 때 나는 친구의 수줍은 미소를 보고 그 애가 긴장했다는 것을 알 수 있었어. 난 더 있으라고 친구를 설득했고 걔는 결국 재미있어했어.

talk [명사] into –ing ~하라고 …를 설득하다   have a blast 아주 즐거운 시간을 보내다

026

Half smile
입으로만 웃는 미소

half smile은 눈으로는 전혀 웃지 않으면서 입으로만 웃는 미소입니다. 그렇다고 썩소의 개념은 아니고, 입만 웃는 경우입니다. 보통 달갑지 않은 상황인데 웃어야 하는 경우에 나오죠.

네이티브는
이 동작과 함께
이런 말을
할 거예요!

그럼 우린
어떻게
반응할까요?

DIALOGUE 1

I don't buy it.
난 안 믿어.

I'm not lying.
거짓말하는 거 아니야.

It can't be true.
사실일 리가 없어.

I'm being serious.
정말이라니까.

DIALOGUE 2

It was a joke.
농담이었어.

I didn't know you were joking.
네가 농담하는 줄 몰랐어.

I was.
농담이었어.

I thought you were serious.
네가 진심인 줄 알았지.

난 안 믿어.	I don't buy it.
난 쟤들 절대 안 믿어.	I don't believe them.
재미없어.	That wasn't funny.
네가 농담하는 줄 몰랐어.	I didn't know you were joking.
네가 진심인 줄 알았어.	I thought you were serious.

거짓말하는 거 아니야.	I'm not lying.
난 너한테 거짓말 안 해.	I wouldn't lie to you.
나 거짓말 안 해.	I'm not making it up.
농담이었어.	It was a joke.
정말이라니까.	I'm being serious.

★ That wasn't funny.

'그건 웃긴 게 아니었어', '그건 장난이 아니었어'란 뜻으로, 상대방의 농담이나
장난이 불쾌하거나 기분 나빴을 때 쓰는 표현입니다.

He's making it up. 그가 지어내고 있는 거야.

Larry told me about his date last night. He was bragging about how
hot his new girlfriend is. I just listened with a half smile on my face. I
think he knows / I don't believe him.

Larry가 어젯밤 데이트에 대해 얘기해 주었어. 그는 자기 새 여자친구가 얼마나 섹시한지 자랑
했어. 난 반쪽 웃음을 지으며 그냥 들었어. 내가 자기 말을 믿지 않는다는 걸 그도 아는 것 같아.

brag about ~에 대해 허풍을 떨다

027

Flirtatious smile
호감을 표시하는 미소

laughing smile이나 big smile 정도로 활짝 웃는 웃음은 아니지만, 상대방에게 호감이나 관심을 표시할 때 약간 추파를 던지듯 짓는 웃음을 flirtatious smile이라고 합니다. 입술을 살짝 깨물면서 이 미소를 지을 수도 있습니다. 외국인이 이런 웃음을 짓고 바라본다면 좋은 분위기라고 생각하고 적극적으로 다가가도 됩니다.

네이티브는
이 동작과 함께
이런 말을
할 거예요!

그럼 우린
어떻게
반응할까요?

DIALOGUE 1

○ I think you're gorgeous.
멋지신 것 같아요.

○ That's nice of you to say.
그렇게 말해 주니 고맙네요.

○ Can I have your number?
핸드폰 번호를 알 수 있을까요?

○ Sure, here you go.
그럼요, 여기 있습니다.

DIALOGUE 2

○ I think you're attractive.
너무 매력적이세요.

○ That's sweet of you.
정말 친절하시네요.

○ Can I take you to dinner?
저녁 함께 드실래요?

○ I'm dating someone else.
전 만나는 사람이 있어요.

멋지시네요.	You're gorgeous.
매력적이세요.	I think you're attractive.
저녁 함께 드실래요?	Can I take you to dinner?
옆에 앉아도 될까요?	May I sit by you?
핸드폰 번호가 어떻게 되죠?	What's your number?

정말 친절하시네요.	That's sweet of you.
그렇게 말해 주니 고맙네요.	That's nice of you to say.
여기 앉으셔도 됩니다.	You can sit here.
이 자리 비었어요.	This seat is open.
이 자리는 주인이 있어요.	This seat is taken.

★ I'm dating someone else.
데이트 신청을 받았을 때 I am not interested.(관심 없어요)라고 하면 상대편
이 상처를 받겠죠? 이럴 땐 I'm dating someone else.를 써서 완곡히 거절하
면 좋습니다.

I'll take your number. 당신 번호 좀 주세요.

A guy kept hitting on me at the bar tonight. He started by giving me a flirtatious smile / and eventually asked for my phone number. I told him I would take his number, / but I don't think I'm going to call him.

오늘 밤에 술집에서 한 남자가 계속 나를 향해 미소를 지으며 추파를 던졌어. 처음에는 실실거리며 웃더니 결국에는 내 핸드폰 번호를 물어보더라. 난 개 번호를 달라고 했지만, 전화하지는 않을 것 같아.

keep –ing 계속해서 ~하다 hit on ~에게 수작을 걸다 flirtatious 추파를 담은 eventually 결국

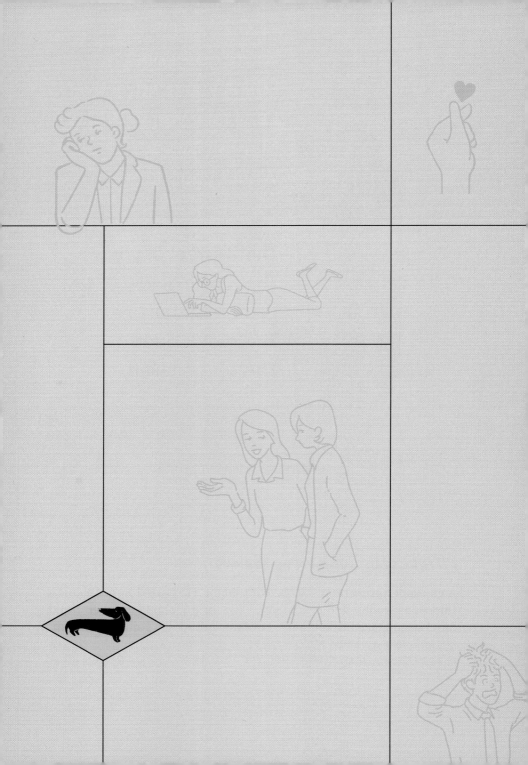

PART 2 어깻짓

It beats me!
금시초문이야!

028

Shrugging both shoulders

양쪽 어깨를 으쓱하는 모습

양쪽 어깨를 빠르게 올렸다 내리며 눈썹을 번쩍 치켜올리고 입꼬리를 아래로 내린다면, '나도 모르겠어'라는 뜻이에요. 손바닥을 위로 향한 채 양손을 올리는 동작을 같이 하기도 하지요. 상황을 이해하지 못했거나 질문에 대한 답을 모를 때 나오는 제스처랍니다.

네이티브는
이 동작과 함께
이런 말을
할 거예요!

그럼 우린
어떻게
반응할까요?

DIALOGUE 1

○ **It beats me!**
금시초문이야!

○ **I don't know, either.**
나도 모르는데.

○ **I don't have a clue.**
난 전혀 몰라.

○ **I'll ask someone else.**
다른 사람에게 물어볼게.

DIALOGUE 2

○ **I can't figure it out.**
난 잘 모르겠어.

○ **Who would know?**
그럼 누가 알지?

○ **Don't ask me!**
나한텐 물어보지 마!

○ **This is frustrating!**
당황스럽네!

금시초문이야!	It beats me!
정말 전혀 몰라.	I don't have a clue.
잘 모르겠어.	I can't figure it out.
내가 어떻게 알아?	How should I know?
나한테 물어보지 마!	Don't ask me!

당황스럽네.	This is frustrating.
그럼 누가 알아?	Who would know?
다른 사람한테 물어볼게.	I'll ask someone else.
나도 몰라.	I don't know, either.
아마도 우리가 알아낼 수 있을 거야.	Maybe we can figure it out.

★It beats me.
직역하면 '그것이 나를 때린다'가 되는데, 이렇게 해석하면 절대 안 됩니다.
이 표현은 '나는 모른다', 즉 I don't know.라는 의미입니다.

Who should I ask? 그럼 누구한테 물어봐야 돼?

I asked one of the salesmen about our new products. He just shrugged his shoulders / and told me / he didn't know. I told him / it's his job to know / and he'd better figure it out.

우리 신제품에 대해 판매원 중 한 명에게 물어봤어요. 그는 그저 어깨를 으쓱하며 모른다고 했어요. 저는 그에게 이건 그의 일이니 알아보는 게 좋겠다고 했어요.

shrug one's shoulders 어깨를 으쓱하다 figure out 알아내다

029

Shrugging one shoulder
한쪽 어깨만 으쓱하는 모습

한쪽 어깨만 으쓱하면서 머리도 그 어깨 쪽으로 기울이는 동작입니다. 이 제스처는 '난 별로 신경 안 써'라는 뜻이에요. 무슨 일이 일어나든, 누가 뭐라고 하든 크게 관심 없다는 걸 보여 주는 동작이죠.

네이티브는
이 동작과 함께
이런 말을
할 거예요!

그럼 우린
어떻게
반응할까요?

DIALOGUE 1

○ **Does it look like I care?**
내가 신경 쓰는 것처럼 보여?

○ **I thought you would.**
난 네가 신경 쓰는 줄 알았어.

○ **I couldn't care less.**
내가 알 게 뭐야.

○ **That's not nice.**
그러면 안 되지.

DIALOGUE 2

○ **Do you think I care?**
내가 신경 쓸 것 같아?

○ **You're being rude.**
너 지금 좀 무례해.

○ **It doesn't matter.**
상관없어.

○ **I can't believe you said that.**
네가 그렇게 말하다니 믿기지가 않네.

내가 알 게 뭐야.	I couldn't care less.
내가 신경 쓸 것 같아?	Do you think I care?
난 신경 안 써. 알 게 뭐야?	I don't care. Who cares?
내가 신경 쓰는 것처럼 보여?	Does it look like I care?
상관없어.	It doesn't matter.

그러면 안 되지.	That's not nice.
그만 무례하게 굴어.	Stop being rude.
난 신경 쓰거든!	I care!
네가 그렇게 말하다니 믿기지가 않네.	I can't believe you said that.
나한테는 중요한 일이야.	It matters to me.

★ Stop –ing

stop 뒤에 동사의 -ing형이 온다는 영문법을 달달 외운 기억 다들 있으시죠? 그런데 실제 회화에서 활용해 본 기억은 별로 없으실 거예요. 다음 몇 가지 표현을 달달 외워서 써먹어 봐요. Stop pointing. 손가락질하지 마. / Stop blaming. 비난하지 마. / Stop laughing. 웃지 마.

I'm not impressed. 그냥 별로인데.

After the movie, / I asked John / if he liked it. He just shrugged one shoulder / and told me / he wasn't that impressed with it. I thought / it was really good.

영화가 끝나고 나서 John에게 영화가 좋았냐고 물어봤어. 그는 한쪽 어깨를 으쓱하면서 그다지 감명 깊진 않았다고 하더라고. 나는 정말 괜찮다고 생각했는데.

that 그렇게, 그다지 be impressed with ~에 감동받다

75

030

Shoulders pushed up
with arms crossed

팔짱을 끼고 웅크린 모습

팔을 교차해서 몸의 앞쪽을 감싼 자세입니다.
보통 어깨는 으쓱 올라가고 몸은 살짝 구부정
하게 앞으로 기울죠. 이 자세는 "너무 추워, 얼
어 죽겠어!"라고 외치는 듯한 모습이에요. 추
우니까 몸을 따뜻하게 보호하려는 제스처죠.

네이티브는
이 동작과 함께
이런 말을
할 거예요!

그럼 우린
어떻게
반응할까요?

DIALOGUE 1

○ **Isn't it cold in here?**
　여기 춥지 않니?

○ **I'm cold, too.**
　나도 추워.

○ **I'm chilly.**
　으슬으슬하네.

○ **I'll start a fire.**
　내가 불을 피울게.

DIALOGUE 2

○ **It's cold outside.**
　밖이 추워.

○ **It's not that cold.**
　그렇게 춥지는 않은데.

○ **Get me a blanket.**
　담요 좀 줘.

○ **Here you go.**
　여기 있어.

으슬으슬해. / 너무 추워!	I'm chilly. / I'm freezing!
밖이 추워.	It's cold outside.
여기 춥지 않니?	Isn't it cold in here?
히터를 올려.	Turn the heat up.
담요 좀 줘.	Get me a blanket.

나도 추워. / 응, 추워.	I'm cold, too. / Yes, it's cold.
따뜻해지지 않네.	I can't get warm.
그렇게 춥지는 않은데.	It's not that cold.
스웨터 입어.	Put a sweater on.
담요 가져다줄게.	I'll get you a blanket.

No, thank you. I think it's fine. 아냐, 괜찮은 것 같아.

I could tell that Louise was cold. She had her arms crossed / and her shoulders were raised. I offered to let her borrow my coat, / but she wouldn't.

Louise가 추워하는 게 눈에 보였어. 팔짱을 끼고 어깨가 올라가 있었거든. 그래서 내 코트를 빌려줄까 했는데, 괜찮다더라.

have one's arms crossed 팔짱을 끼다 offer to [동사] ~를 권하다 borrow 빌리다

031

Turning shoulders away
from someone
어깨를 슬쩍 돌리는 모습

어깨가 누군가를 향하고 있다면 그 사람과의 대화에 집중하고 있다는 뜻이죠? 반면 상대방이 말하는 도중에 어깨를 슬쩍 돌린다면, '아, 이제 그만하고 싶어. 이 대화 끝내자!'라는 신호일 수 있어요. 마치 마음은 이미 떠났는데, 몸만 남아 있는 느낌이랄까요?

네이티브는
이 동작과 함께
이런 말을
할 거예요!

그럼 우린
어떻게
반응할까요?

DIALOGUE 1

○ **I should go.**
나 가야 해.

○ **So soon?**
이렇게 빨리?

○ **I need to head home.**
집에 가야 해서.

○ **Are you sure?**
정말?

DIALOGUE 2

○ **I should get going.**
나 가야 해.

○ **Don't go yet!**
아직 가지 마!

○ **I'm running late for the meeting.**
회의에 늦었어.

○ **It was good seeing you.**
만나서 반가웠어.

나 가야 해.	I should get going.
나중에 또 보자.	Let's catch up later.
집에 가야 해.	I need to head home.
나 가야 해. 늦었네.	I should go. It's getting late.
회의에 늦었어.	I'm running late for the meeting.

벌써 가려고?	You're leaving already?
이렇게 빨리? 정말?	So soon? Are you sure?
아직 가지 마!	Don't go yet!
내 얘기 아직 안 끝났어.	I haven't finished my story.
너 안 늦었어!	You're not running late!

I need to be somewhere. 나 어디 가야 해.

I got stuck / talking to Linda at the party. She never shuts up! I finally turned away from her / like I was leaving / and told her / I needed to get going.

파티에서 Linda랑 얘기하느라 꼼짝 못 했어. 걘 정말 끝도 없이 말하더라! 난 결국 떠나는 척하며 몸을 돌려서 가야 한다고 말했다니까.

get stuck 꼼짝 못 하게 되다   turn away from ~를 외면하다   get going 떠나다

79

032

Holding shoulders low
어깨가 축 처진 모습

어깨가 축 처져서 바닥을 향해 내려가 있다
면, 그 사람은 지금 완전히 지친 상태예요.
마치 "아, 진짜 힘들다"라고 말하는 듯한 모
습이죠. 온몸의 에너지를 다 써 버린 후, 또
는 힘든 하루를 보내고 나서 완전히 퍼져 버
린 상태를 보여 주는 제스처랍니다.

네이티브는
이 동작과 함께
이런 말을
할 거예요!

그럼 우린
어떻게
반응할까요?

DIALOGUE 1

○ I'm exhausted.
나 완전 지쳤어.

○ Are you feeling okay?
괜찮아?

○ I need some sleep.
잠 좀 자야겠어.

○ Get some rest.
좀 쉬어.

DIALOGUE 2

○ I'm beat!
피곤해 죽겠어!

○ That was a big job.
큰일 했어.

○ It was tough.
정말 힘들었어.

○ Let's call it a day.
오늘은 그만하자.

나 완전 녹초가 됐어.	I feel worn out.
나 완전 지쳤어.	I'm exhausted. / I'm beat.
잠 좀 자야겠어.	I need some sleep.
힘들었어.	That was tough.
쉬려고 해.	I'm going to rest.

너 괜찮아?	Are you feeling okay?
너 완전 피곤해 보여.	You look exhausted.
좀 쉬어.	Get some rest.
큰일 했어.	That was a big job.
오늘은 그만하자.	Let's call it a day.

That was a big job. 큰일 했어.

Leah and I / ran the Chicago marathon yesterday. We crossed the finish line together! I felt okay, / but Leah looked awful. Her shoulders hung really low / and she looked pale. She said she felt beat-up.

어제 Leah랑 시카고 마라톤을 뛰었어. 우리는 함께 결승선을 통과했지! 나는 괜찮았는데, Leah 는 몰골이 말이 아니었어. 어깨는 축 처지고 얼굴은 창백했어. 기진맥진했대.

cross the finish line 결승선을 통과하다   beat-up 지친

033

Curving shoulders forward

어깨가 구부정한 모습

어깨가 앞으로 구부러지고 상체도 약간 아래를 향하고 있다면, 현재 매우 불편한 상태라는 의미입니다. 보통 머리와 눈도 바닥을 향해요. 이 자세는 마치 "난 지금 숨고 싶어!"라고 말하는 듯합니다. 사람들 사이에서 어색하거나 불편함을 느낄 때, 자신을 보호하려는 몸의 본능적인 반응이랍니다.

네이티브는
이 동작과 함께
이런 말을
할 거예요!

그럼 우린
어떻게
반응할까요?

DIALOGUE 1

○ I'd like to leave.
가고 싶어.

○ You just got here.
너 방금 왔잖아.

○ I'm not welcome here.
환영받지 못하는 것 같아.

○ You're fine!
넌 괜찮아!

DIALOGUE 2

○ I'll find somewhere else to sit.
다른 데 앉을 곳을 찾아야겠어.

○ Why?
왜?

○ I feel out of place.
이 자리가 좀 어색해.

○ Stay with me.
나랑 있자.

가고 싶어.	I'd like to leave.
좀 어색하네.	This is awkward.
가는 게 낫겠어.	I'd rather go.
이 자리가 좀 어색해.	I feel out of place.
환영받지 못하는 것 같아.	I'm not welcome here.

왜 가려고?	Why are you leaving?
너 방금 왔잖아.	You just got here.
넌 괜찮아!	You're fine!
나랑 있어.	Stay with me.
내가 함께 앉아 있을게.	I'll sit with you.

★I feel out of place.
자신이 잘못된 장소에 있는 듯 uncomfortable(불편한)한 상태임을 나타내는 표현입니다. I don't fit in (here).도 '난 (여기에) 맞지 않아'란 뜻으로, 비슷한 표현입니다.

Don't leave! 가지 마!

I took my little sister to a college party. She was young / and felt out of place. I could tell that she wasn't having fun / because she was standing in a corner / with her shoulders slumped forward. I got her a drink / and introduced her to a few people. She seemed to feel better after that.

나는 여동생을 대학 파티에 데리고 갔어. 걘 아직 어려서 그런지 적응을 못 하더라고. 어깨를 구부정하게 하고 구석에 서 있는 걸 보니 재미있어하지 않는 것 같았어. 난 여동생에게 음료수를 하나 건네주고 사람들을 몇 명 소개해 줬어. 그랬더니 좀 나아진 것 같더라.

feel out of place 겉돌다   slump (몸이) 구부정하게 되다

034

Circling shoulders
forwards or backwards
어깨를 빙글빙글 돌리는 모습

어깨를 앞으로 빙글빙글 돌리고 있다면, 이 동작은 '나 지금 스트레스 받아서 좀 긴장했어'라는 신호일 수 있어요. 긴장된 근육을 풀어 주는 거예요. 또는 중요한 일을 앞두고 몸과 마음을 가다듬는 사람의 모습이기도 해요. 예를 들어, 달리기 경주나 발표를 준비하는 사람이 어깨를 돌리며 마음의 준비를 하는 거죠.

네이티브는
이 동작과 함께
이런 말을
할 거예요!

그럼 우린
어떻게
반응할까요?

DIALOGUE 1

I have a headache.
두통이 있어.

Are you okay?
괜찮아?

I need to stretch.
스트레칭을 해야겠어.

Do you need medicine?
약 필요해?

DIALOGUE 2

I feel tired.
피곤해.

What's going on?
무슨 일이야?

I've been working for a long time.
너무 오랫동안 일하고 있어서.

Take a break!
좀 쉬어!

두통이 있어.	I have a headache.
목이 아파.	My neck feels stiff.
스트레칭을 해야겠어.	I need to stretch.
나 이거 끝내야 해.	I need to finish this.
너무 오랫동안 일하고 있어.	I've been working for a long time.

약 필요해?	Do you need medicine?
여기 진통제 있어.	Here's a pain reliever.
내가 (어깨) 문질러 줄까?	Can I rub it?
필요한 거 있어?	Need anything?
좀 쉬어!	Take a break!

We should rest. 우리는 좀 쉬어야 돼요.

My dad was helping me / build a new deck on my house. He worked all day on it. I could tell he was tired / because he kept rolling his shoulders, / but he wouldn't take a break. We ended up getting it finished up.

아빠는 제가 집에 새 바닥을 만드는 걸 도와주고 계셨어요. 하루 종일 그 일을 하셨죠. 어깨를 계속 돌리시는 걸 보니 피곤해 보였지만, 쉬지 않으셨어요. 우린 결국 완성했어요.

roll 회전시키다 get it finished (up) 끝내다

035

Leaning shoulder
against the wall
벽에 어깨를 기댄 모습

발을 바닥에 딛고 몸을 뒤로 기울여 벽에 어깨를 기대고 있는 자세입니다. 이는 느긋한 느낌을 주는 자세로, 서로 친근한 사이에서 편안하게 어울리고 있다는 인상을 줘요.

네이티브는
이 동작과 함께
이런 말을
할 거예요!

그럼 우린
어떻게
반응할까요?

DIALOGUE 1

○ What's up?
잘 지내지?

○ Not much.
그냥 그렇지 뭐.

○ Hang out for a bit!
잠깐 같이 놀자!

○ Can I get you a drink?
한 잔 줄까?

DIALOGUE 2

○ Hey, are you doing well?
안녕, 잘 지내지?

○ Yeah, I'm hanging in there.
How about you?
응, 그럭저럭 잘 지내. 넌?

○ I'm doing alright. Thanks for
asking.
나도 그렇지. 물어봐 줘서 고맙다.

○ Glad to hear that!
잘 지낸다니 좋네!

잘 지내지?	What's good? / What's up?
보고 싶었어!	I've missed you!
잘 지내지?	Are you doing well?
잠깐 같이 놀자!	Hang out for a bit!
너랑 얘기해서 즐거웠어!	It was fun chatting with you!

반가워!	It's good to see you!
오랜만이야!	It's been a while!
한 잔 줄까?	Can I get you a drink?
여기 계속 있어라!	You should stick around!
이거 또 하자.	Let's do this again.

It was nice talking to you! 만나서 반가웠어!

I ran into James in the hallway at work. We talked for quite a while.
He leaned his shoulder against the wall / and asked me about work
and my family. He's so nice!

회사 복도에서 James를 우연히 만났어요. 우린 꽤 오랫동안 얘기했는데, 그는 어깨를 벽에 기대
고 나한테 일과 가족에 대해 물어봤어요. 그는 정말 좋은 사람이에요!

run into ~를 우연히 마주치다 for quite a while 꽤 오랫동안 lean against ~에 기대다

036

Slapping hands with someone

하이파이브 하려고 손을 내미는 모습

두 사람이 팔을 번쩍 들고 손바닥을 서로 힘차게 마주치는 동작입니다. 인사할 때도, 칭찬할 때도 하이파이브를 합니다. 선수들은 경기에서 이기거나 멋진 플레이를 했을 때 하이파이브로 기쁨을 나누죠. 어려운 시험을 통과했을 때, 새 직장을 얻었을 때도 사람들은 축하의 의미로 하이파이브를 합니다.

네이티브는 이 동작과 함께 이런 말을 할 거예요!

그럼 우린 어떻게 반응할까요?

DIALOGUE 1

○ Good job!
잘했어!

○ Thanks!
고마워!

○ You did great!
너 정말 잘했어!

○ You too!
너도!

DIALOGUE 2

○ We won!
우리가 이겼다!

○ I knew we could do it.
난 우리가 해낼 줄 알았어.

○ You were awesome.
너 최고였어.

○ We both played great.
우리 둘 다 잘했지.

잘했어!	Nice work!
우리가 이겼어!	We won!
너 정말 잘했어!	You did great!
오늘 정말 잘했어!	Great job today!
너 정말 잘했어.	You were awesome.

너도! / 우리가 해냈어!	You too! / We did it!
우리 정말 잘했어!	We did so great!
나만 잘해서가 아니지.	It wasn't just me.
우리가 해낼 줄 알았어.	I knew we could do it.
너도 정말 대단했어.	You were awesome, too.

We all played great. 우리 모두 잘했어.

Our team won the state football championship tonight! After the game, / everyone on the team / ran on the field. They were hugging and giving high-fives. It was so exciting!

우리 팀이 오늘 밤 주립 풋볼 챔피언십에서 우승했어요. 경기가 끝난 후 팀원 모두가 경기장으로 달려 나갔어요. 그들은 서로 껴안고 하이파이브를 하고 있었어요. 정말 흥분되었어요!

field 경기장 give high-fives 하이파이브를 하다

037

Patting someone on the upper back
등을 두드려 주는 행동

손바닥으로 다른 사람의 등을 가볍게 두드리는 것은
'잘했어' 또는 '좋은 일이야'라는 의미예요. 등을 토닥
여 주는 것은 긍정적인 표현으로, 그 사람을 자랑스럽
게 생각한다는 뜻이에요.

네이티브는
이 동작과 함께
이런 말을
할 거예요!

그럼 우린
어떻게
반응할까요?

DIALOGUE 1

o **Great work!**
잘했어!

o **Thank you.**
고마워요.

o **I'm proud of you!**
네가 자랑스러워!

o **That's so kind!**
정말 감사해요.

DIALOGUE 2

o **Nice try!**
멋진 시도였어!

o **Thanks!**
고마워!

o **You'll get it next time!**
다음번엔 해낼 거야.

o **I hope so.**
그랬으면 좋겠다.

잘했어! / 시도 좋았어!	Great work! / Nice try!
네가 자랑스러워!	I'm proud of you!
너 때문에 행복해.	You make me happy.
네가 자랑스러워!	You make me proud!
너 다음번엔 해낼 거야!	You'll get it next time!

정말? 고마워!	Really? Thanks!
정말 고마워!	Thanks a bunch!
정말 감사해요!	That's so kind!
별것 아니었는데.	It was nothing.
진짜 사려 깊으세요.	You're so thoughtful.

You're too kind! 과찬의 말씀이세요!

After the meeting, / my boss gave me a pat on the back / and told me I did a great job during the presentation. I was so nervous about it, / so I felt really proud of myself after that.

회의가 끝난 후, 상사가 제 등을 두드리며 발표를 정말 잘했다고 말해 줬어요. 많이 긴장했었는데 그 말에 괜히 어깨가 으쓱해졌어요.

give [사람] a pat ~를 토닥여 주다   do a great job 잘 해내다

038

Touching someone's upper arm
팔을 만져 주는 행동

손바닥으로 다른 사람의 위쪽 팔을 부드럽게 잡는 동작으로, "내가 네 곁에 있어!"라고 말하는 듯한 따뜻한 제스처예요. 상대방에 대한 관심과 걱정을 보여 주는 작은 응원의 신호죠.

네이티브는 이 동작과 함께 이런 말을 할 거예요!

그럼 우린 어떻게 반응할까요?

DIALOGUE 1

○ **Are you okay?**
너 괜찮아?

○ **I don't feel right.**
괜찮지 않아.

○ **Do you need help?**
도움 필요해?

○ **Yes, I need help.**
응, 도움이 필요해.

DIALOGUE 2

○ **What's wrong?**
왜 그래?

○ **I'm worried about work.**
일이 걱정돼.

○ **You're not alone in this.**
이 일에서 넌 혼자가 아니야.

○ **Thanks for checking on me.**
살펴줘서 고마워.

괜찮아?	Are you okay?
너랑 같이 갈 수 있어. / 네 생각을 지지해.	I can go with you.
내가 처리할게.	I'll take care of it.
걱정하지 마. 너 괜찮아!	Don't worry. You're okay!
이 일에서 넌 혼자가 아니야.	You're not alone in this.

난 괜찮아. / 괜찮을 거야.	I'm okay. / I'll be okay!
아무것도 아니야!	It's nothing!
컨디션이 안 좋아.	I don't feel well.
뭐가 잘못된 건지 모르겠어.	I don't know what's wrong.
살펴줘서 고마워.	Thanks for checking on me.

★ Thanks for -ing

정말 많이 쓰는 표현입니다. Thanks for understanding.(이해해 줘서 고마워), Thanks for calling.(전화 줘서 고마워), Thanks for coming.(와 줘서 고마워)과 같이 쓰입니다. 그런데 Thanks for nothing.은 '아무 도움이 안 돼서 고맙다'란 뜻으로, 상대방을 아주 비아냥거릴 때 쓰는 표현입니다.

I'll sit with you. 너랑 함께 앉아 있을게.

On my way home from work, / I saw my neighbor sitting on her front porch crying. She looked very upset, / so I stopped to check on her. I put my hand on her arm / and sat by her. She said / she wasn't feeling well and was resting. I helped her get inside / and got her some water.

퇴근하고 집에 가는 길에 이웃이 집 앞 현관에 앉아 울고 있는 걸 봤어요. 너무 속상해 보여서 그녀를 살펴보러 들렀습니다. 그녀의 팔에 손을 얹고 옆에 앉았어요. 그녀는 몸이 안 좋아서 쉬고 있었다고 하더라고요. 나는 그녀가 집 안으로 들어가게 도와주고 물도 갖다줬어요.

on one's way home from work 퇴근해서 집으로 가는 길에   front porch 앞 현관   check on ~를 확인하다

039

Putting a hand on
someone's upper back
등에 손을 얹어 주는 행동

손바닥을 다른 사람의 등에 살짝 얹는 행동으로, 팔뚝을 잡아 주거나 어깨를 감싸는 것과 비슷한 행동이에요. 화가 나 있거나 기운이 없어 보이는 사람에게 '내가 여기 있어', '널 응원해!'라는 의미를 담은 따뜻한 위로의 표시죠.

네이티브는
이 동작과 함께
이런 말을
할 거예요!

그럼 우린
어떻게
반응할까요?

DIALOGUE 1

o **What's going on?**
무슨 일이야?

o **It's nothing.**
아무것도 아니야.

o **I know you're upset.**
너 화난 거 알아.

o **Don't worry about it.**
걱정 마.

DIALOGUE 2

o **What do you need?**
뭐가 필요해?

o **I don't need help.**
도움이 필요하지 않아.

o **Are you sure?**
진짜지?

o **I'll be okay.**
난 괜찮을 거야.

널 도와주러 왔어.	I'm here for you.
무슨 일이야?	What's going on?
뭐가 필요해?	What do you need?
너 화난 거 알아.	I know you're upset.
뭘 도와줄까?	What can I do to help?

도움이 필요해.	I need help.
다쳤어.	I hurt myself.
슬퍼.	I'm feeling sad.
괜찮아질 거야.	I'll be just fine.
걱정 마. 아무것도 아니야.	Don't worry. It's nothing.

★I know you're upset.
upset은 화가 나고 실망스러운 총체적인 느낌을 나타냅니다. You seem upset. 또는 You look upset.이라고 하면 '너 화난 것 같은데'라는 뜻입니다.

I'll be okay. 괜찮아질 거야.

Mary was sitting alone in the break room yesterday. I put my hand on her back / and asked if she was alright. She said she thought / she was getting sick. She ended up going home for the rest of the day. I hope she's feeling better!

어제 Mary가 휴게실에 혼자 앉아 있었어요. 저는 그녀의 등에 손을 얹고 괜찮은지 물어봤어요. 그녀는 몸이 안 좋은 것 같다고 했어요. Mary는 결국 남은 하루를 집에 가서 보내게 되었어요. 그녀가 빨리 나았으면 좋겠어요!

break room 휴게실   the rest of the day 하루의 나머지 시간   feel better (기분·몸 등이) 나아지다

95

040

Arm over someone's shoulder

어깨에 팔을 올리는 모습

팔을 올려 어깨를 감싸는 제스처는 친구나 동료 간에 Are you okay? How can I help you?(괜찮아? 내가 도와줄까?) 등과 같은 말을 하면서 아주 편하게 친근감을 표시하는 제스처입니다.

네이티브는 이 동작과 함께 이런 말을 할 거예요!

그럼 우린 어떻게 반응할까요?

DIALOGUE 1

○ **Are you okay?**
너 괜찮아?

○ **I'm okay.**
응, 괜찮아.

○ **You seem upset.**
화난 것 같은데.

○ **I'll be fine.**
괜찮아질 거야.

DIALOGUE 2

○ **Do you feel alright?**
괜찮아?

○ **I don't feel well.**
몸이 좀 안 좋아.

○ **How can I help?**
내가 어떻게 도와줄까?

○ **I don't know. I'm bummed.**
잘 모르겠어. 우울해.

너 괜찮아?	Do you feel alright?
너 왜 그래?	What's bothering you?
괜찮아? 너 피곤해 보여.	Are you okay? You look tired.
내가 뭘 해 줄까?	What can I do?
너 괜찮을 거야.	You'll be okay.

나 우울해.	I'm bummed.
나 자신이 정말 싫어.	I don't like myself.
난 괜찮아.	I'm okay. / I'm alright.
괜찮아질 거야.	I'll be fine.
많이 나아졌어.	I've been better.

★ I'm bummed.

기분이 우울하고 상태가 안 좋은 것을 영어로는 bummed라고 합니다. 같은 표현으로는 I am feeling sad, I'm down, I'm depressed. 등이 있습니다.

I enjoyed our conversations. 대화 즐거웠어.

Mary asked me / how I was doing yesterday. She put her arm around my shoulders / and asked if I was okay. I think she knows / I'm having a hard time right now. I told her / how I was feeling / and that I've been upset lately. It felt good to talk to her.

Mary가 나한테 어제 괜찮았냐고 물어봤어. 그녀는 팔로 내 어깨를 감싸면서 괜찮은지 물었어. 그녀는 내가 지금 힘든 시간을 보내고 있다는 걸 아는 듯해. 나는 그녀에게 내 기분에 대해 얘기하면서 최근 좀 힘들게 지낸다고 말했어. 그녀에게 말하니까 시원했어.

put arm around ~에게 팔을 두르다 lately 최근에

041

Crossed arms
팔짱 낀 모습

누군가가 팔짱을 끼고 딱 버티고 서 있거나 굳은 얼굴로 앉아서 지켜보고 있다면 이건 무슨 의미일까요? 그 사람은 지금 매우 지겹거나 화가 무지하게 난 상태라고 보면 됩니다. 그러니 팔짱을 낀 채 거리를 두고 있다면 이건 불길한 징조입니다. 때로는 추위를 느껴서 팔짱을 끼고 있을 때도 있어요. 그럴 때는 따뜻하게끔 배려해 주세요.

네이티브는 이 동작과 함께 이런 말을 할 거예요!

그럼 우린 어떻게 반응할까요?

DIALOGUE 1

○ I'm bored.
지겨워.

○ Why?
왜?

○ This is lame.
따분해서 그래.

○ I think it's fun.
난 재밌는 거 같은데.

DIALOGUE 2

○ I'm so irritated.
나 진짜 짜증 나.

○ You don't seem like yourself.
너 같지 않네.

○ I'm really angry with you.
너한테 정말 열받았어.

○ What's the matter?
왜 그러는데?

지겨워.	I'm bored.
따분해.	This is lame.
나 정말 열받았어.	I'm really upset.
나 진짜 짜증 나.	I'm so irritated.
너 때문에 열받았어.	You made me mad.

왜? 괜찮은 것 같은데.	Why? I think it's fun.
왜 그러는데?	What's the matter with you?
너 같지 않네.	You don't seem like yourself.
나한테 화내지 마.	Don't get mad at me.
나도 돌아버리겠다.	I'm mad too.

★This is lame.
무언가가 따분하고 지루하거나 시시하다고 느껴질 때 사용하는 표현으로, It's lame.도 같은 의미입니다. Everything's lame.(모든 게 다 지겨워), The party was lame.(그 파티 정말 시시했어)처럼 주어를 바꿔 사용해 보세요.

Turn the heat on! 히터 좀 틀어요!

My dad likes to keep the house cool in the winter. I went there last night / and was freezing! He saw me / shivering with my arms crossed / and got me a blanket.

우리 아빠는 겨울에도 집을 시원하게 유지하는 걸 좋아해요. 어젯밤에 갔는데 너무 추웠어요! 내가 팔짱을 끼고 떨고 있는 모습을 보시더니 담요를 가져다주셨어요.

keep [목적어] cool ~를 시원하게 유지하다   shiver 떨다

042

Open arms
양팔을 벌리는 모습

이 제스처는 "나는 몰라", "내가 그걸 어떻게
알아?"란 말을 하고 싶을 때 사용합니다. 두 팔
을 벌리고 손바닥이 약간은 위로 보이게 하면
서, 더불어 머리를 한쪽으로 갸우뚱하는 자세
까지 같이 하면 완벽합니다. 또한 돈 등이 부족
하다는 의미일 수도 있어요.

네이티브는
이 동작과 함께
이런 말을
할 거예요!

그럼 우린
어떻게
반응할까요?

DIALOGUE 1

○ I'm not sure.
나는 잘 모르겠는데.

○ It's your job! You should
know this.
이건 네 일이잖아! 이건 네가 당연히 알아야지.

○ I have no idea!
정말 모르겠어!

○ You need to figure it out.
너 꼭 알아내야 해.

DIALOGUE 2

○ I'm broke!
나 개털이야!

○ You can borrow some
money.
돈을 빌려 봐.

○ I can't do that.
난 못 해.

○ Here, take this.
자, 이거 받아.

누가 알겠어?	Who knows?
난 정말 모르겠어.	I have no idea.
내가 그걸 어떻게 알아?	How should I know?
난 (돈이) 없는데.	I don't have it.
난 개털이야!	I'm broke!

넌 이걸 당연히 알아야지.	You should know this.
정신 차려!	Get it together!
너 반드시 알아내.	You need to figure it out.
자, 이거 받아.	Here, take this.
내가 (결제)해 줄게.	I'll do it for you.

★ Who knows?
이 표현은 우리말로 하면 '누가 알겠어요?', 다시 말해서 No one knows!(아무도 모른다!)라는 뜻입니다.

I can pay. 내가 낼게.

My friend and I / went out for dinner. When the bill came, / she just looked at me with her arms out. She didn't bring her purse, / so she couldn't pay for her meal. I paid for it for her.

친구랑 함께 저녁을 먹으러 갔어. 계산서가 왔을 때 친구는 두 팔을 벌리더니 날 쳐다보기만 했어. 지갑을 가져오지 않아 식사비를 낼 수 없었어. 내가 대신 계산했어.

go out for dinner 저녁 외식을 하러 가다 bill 청구서 purse 지갑 pay for ~를 지불하다

043

Both arms up
양팔을 들어 손바닥을 보이는 모습

손바닥을 앞으로 보이면서 두 팔을 위로 드는 제스처예요. "내가 아니라니까요", "저한테 그러지 마세요", "내가 무슨 짓을 했는데요?"와 같은 말을 하고 싶을 때 당황스럽다는 표정을 지으며 이 제스처를 합니다. 또는 '나는 총이 없어요', '나는 잘못이 없습니다'란 의미로도 쓸 수 있습니다.

네이티브는 이 동작과 함께 이런 말을 할 거예요!

그럼 우린 어떻게 반응할까요?

DIALOGUE 1

○ I didn't do it.
내가 안 그랬어.

○ Liar!
거짓말쟁이!

○ It wasn't me.
내가 아니라니까.

○ I saw you do it.
네가 하는 거 내가 봤어.

DIALOGUE 2

○ Stop blaming me.
날 좀 그만 비난해.

○ It's your fault.
네 탓이야.

○ I didn't take it.
내가 안 가져갔다니까.

○ Stop lying!
거짓말하지 마!

날 쳐다보지 마.	Don't look at me.
날 좀 그만 비난해.	Stop blaming me.
난 결백해.	I'm innocent.
내 탓이 아니야.	I'm not to blame.
내가 아니라니까.	It wasn't me.

거짓말쟁이! 거짓말하지 마!	Liar! Stop lying!
네 탓이야.	It's your fault.
네가 하는 거 내가 봤어.	I saw you do it.
너였어!	It was you!
확실해?	Are you sure?

★ I'm not to blame.
자신의 결백을 주장하는 표현입니다. 남에게 책임을 돌릴 때는 You're to blame.(네 탓이야), 반대로 '네 탓이 아니야'라고 말할 때는 You're not to blame.이라고 하면 됩니다.

I don't have it! 전 (무기가) 없어요!

Mark was at the bank / when it was robbed the other day. When the robbers came in, / he raised his arms up / so they knew / he didn't have any weapons. He was really scared, / but he's doing okay now.

얼마 전 은행에 강도가 들었을 때 Mark는 은행에 있었어요. 강도들이 은행에 들어왔을 때 Mark는 두 팔을 들어 무기가 없다는 표현을 했어요. 그는 정말 겁에 질려 있었는데, 지금은 좀 나아졌어요.

rob 도둑질하다   robber 강도   raise ~ up ~를 들어올리다   weapon 무기

044

Arm outstretched to a door

문을 잡아 주는 모습

공공장소에서는 일반적으로 문을 통과할 때 서로 모르는 사이라도 다른 사람을 위해 문을 잡아 주는데, 이때 보통 Go ahead! I've got it.과 같은 멘트를 함께 합니다. 그러면 여러분도 그냥 지나가면 안 되고 자연스럽게 Thank you.라고 대답하면 됩니다. 또는 약간 오버를 해서 What a nice person!이라고 호들갑을 떨어도 됩니다.

네이티브는 이 동작과 함께 이런 말을 할 거예요!

그럼 우린 어떻게 반응할까요?

DIALOGUE 1

o Go ahead!
먼저 들어가세요!

o Thanks!
감사합니다!

o I'll hold the door.
제가 문을 잡고 있을게요.

o You're so kind!
너무 친절하시네요!

DIALOGUE 2

o Why don't you go first?
먼저 들어가시죠.

o That's so nice of you!
이렇게 친절하실 수가!

o I'll follow you.
저는 따라갈게요.

o Thanks for doing that.
감사해요.

먼저 가시죠.	You can go first.
제가 문을 잡고 있겠습니다.	I've got the door.
먼저 들어가셔도 됩니다.	You can head in.
먼저 가시죠. 제가 문을 잡고 있을게요.	Go ahead. I'll hold the door.
저는 따라갈게요.	I'll follow you.

감사합니다.	Thanks for that.
너무 친절하세요!	You're so kind!
참 다정하셔라.	You're so sweet.
이렇게 친절하실 수가!	That's so nice of you!
매너가 좋으시네요.	You have good manners.

You have good manners. 매너가 좋으시네요.

I went on a date with Josh last night. He was such a gentleman. He held the door open for me / and motioned for me to go through first. He also pulled out my chair for me at the restaurant / and helped me get my jacket on. It was a good first date!

어젯밤에 Josh와 데이트를 했어요. 그는 정말 신사였어요. 문을 잡아 주면서 나보고 먼저 들어가라는 제스처를 했어요. 게다가 식당에서는 의자도 빼 주고 재킷 입는 것도 도와주었어요. 아주 멋진 첫 데이트였어요!

go on a date 데이트하러 가다   hold the door open 문을 잡아 주다   motion 몸짓해 보이다   go through 지나가다   pull out ~를 빼다

045

Throwing arms in the air
팔을 허공에 내던지는 모습

우리말에 '두 손 두 발 다 들었다'란 말이 있죠? 이 제스처도 비슷합니다. 어떤 상황에서 할 만큼 했는데 잘 안될 때, 두 손을 허공에 내던지듯 들면서 '나 이제 두 손 들었어', '나 완전 포기야', '나 이제 안 해'라는 의사를 표현하죠. 일이 돌아가는 게 당황스럽거나 엄청나게 실망했다는 표시입니다.

네이티브는
이 동작과 함께
이런 말을
할 거예요!

그럼 우린
어떻게
반응할까요?

DIALOGUE 1

○ I give up!
나 포기할래!

○ You're not a quitter.
넌 절대 포기하지 않잖아.

○ I can't do it.
못 하겠어.

○ I'll help you.
내가 도와줄게.

DIALOGUE 2

○ It's impossible.
그건 불가능해.

○ It will get easier.
쉬워질 거야.

○ I quit!
나 그만둘래!

○ Don't give up!
포기하지 마!

나 포기할래!	I give up!
난 할 만큼 했어!	I'm done!
난 이제 신경 안 써.	I'm over it.
그건 불가능해.	It's impossible.
이거 정말 싫어!	I hate this!

넌 절대 포기하지 않아.	You're not a quitter.
쉬워질 거야.	It will get easier.
우리 함께 하자.	We'll do it together.
포기하지 마!	Don't quit! / Don't give up!
넌 할 수 있어.	You can do it.

★You're not a quitter.
정말 원어민적인 표현으로, 우리말로 바꾸면 '포기는 아니지', '너는 쉽게 포기하지 않아'란 의미입니다.

Don't give up! You can do it. 포기하지 마! 넌 할 수 있어.

Sue has been having a hard time / with the homework assignment. I saw her in the library / and asked her how she was doing. She threw her arms in the air / and told me / she was thinking about dropping out of the class. I wish I could help her.

Sue는 숙제 때문에 힘들어하고 있어요. 도서관에서 그녀를 보고 어떻게 지내는지 물었어요. 그녀는 두 팔을 허공에 내던지듯 들면서 수강하고 있는 과목을 그만둘까 생각 중이라고 했어요. 그녀를 도와줄 수 있으면 좋겠어요.

have a hard time with ~로 힘들어하다   homework assignment 숙제   drop out of ~에서 도중하차하다

107

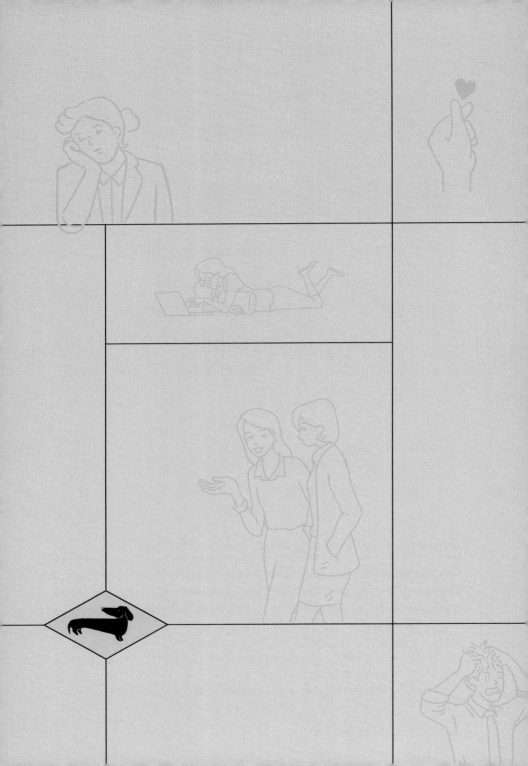

PART 3 손짓

What a "perfect" plan.
너무 '완벽한' 계획이야.

MP3 음원
바로 듣기 및 다운로드

046

Fisted hand hitting palm
of the other hand
주먹으로 손바닥을 치는 모습

한 손으로 주먹을 꽉 쥐고 그 주먹으로 다른 손
바닥을 치는 행동은 보통 누군가에게 화가 나
서 그 사람을 때리고 싶거나, 그에 대한 분노를
표현하고 싶을 때 나옵니다.

네이티브는
이 동작과 함께
이런 말을
할 거예요!

그럼 우린
어떻게
반응할까요?

DIALOGUE 1

He's going to pay!
그는 대가를 치를 거야!

Why?
왜?

I hate him!
그가 진짜 싫어!

Calm down.
진정해.

DIALOGUE 2

I'll make him regret it.
난 걔가 후회하게 만들 거야.

Don't do anything stupid.
바보 같은 짓은 하지 마.

I'll punch him for you.
내가 너 대신 때려 줄게.

That's harsh!
그건 너무 심해!

걘 이제 끝났어!	He is dead!
걔를 죽여 버릴 거야!	I'll kill him!
그는 대가를 치를 거야!	He's going to pay!
걔 혼내 줄 거야.	I'm going to get him.
걔가 후회하게 만들 거야.	I'll make him regret it.

진정해.	Calm down.
그건 너무 심하다!	That's harsh!
왜? 그가 뭘 했길래?	Why? What did he do?
무슨 짓을 하려고?	What are you going to do?
바보 같은 짓은 하지 마.	Don't do anything stupid.

Don't do anything you'll regret. 후회할 짓은 하지 마.

I had to tell Ryan / that his girlfriend cheated on him. He was so upset at first, / and then he got really angry. He kept punching his hand, / telling me she was going to pay for what she did. I finally got him to calm down a little bit.

저는 Ryan에게 그의 여자친구가 바람을 피웠다고 말해야 했어요. 그는 처음에는 정말 속상해했 지만, 그 후에는 매우 화를 냈어요. 그는 계속해서 손을 주먹으로 치며 그녀가 한 일에 대해 대가 를 치를 것이라고 말했어요. 결국 제가 그를 좀 진정시켰어요.

punch 주먹으로 치다   pay for ~에 대한 대가를 치르다

047

Bumping fists with
someone else

파이팅하려 주먹을 툭 내미는 모습

두 사람이 주먹을 쥐고 서로 가볍게 툭 치며 인사하는 모습을 종종 보는데, 아주 친한 사이겠죠? 또한, 운동 경기에서 동료에게 '잘했어!' 또는 '멋진 플레이였어!'라는 의미로 주먹을 툭 내밀기도 합니다. 하이파이브와 비슷한 의미의 행동입니다.

네이티브는 이 동작과 함께 이런 말을 할 거예요!

그럼 우린 어떻게 반응할까요?

DIALOGUE 1

○ Good shot!
잘 쳤다!

○ Thanks for noticing.
알아봐 줘서 고마워!

○ Keep it up.
계속 파이팅해.

○ Thank you!
고마워!

DIALOGUE 2

○ Good game!
좋은 경기였어!

○ We did great!
우리가 잘 해냈어!

○ You played well!
너 정말 잘했어!

○ That's nice of you to say!
그렇게 말해 주니 고마워!

좋은 경기였어!	Good game!
좋았다!	Nice work!
잘했어!	Great job!
너 잘 해냈어.	You did great.
정말 잘했어!	You played well!

너도 그래!	You are too!
계속 파이팅해!	Keep it up!
고마워!	Thanks! / Thanks for that!
우리 모두 정말 잘했어.	We all did great.
그렇게 말해 줘서 고마워!	That's nice of you to say!

Nice hit! 잘 쳤어!

John hit a home run at the game tonight. Everyone on the team / gave him a fist bump / and pat on the back. He's a great player!

John은 오늘 밤 경기에서 홈런을 쳤어요. 팀원 모두가 그에게 주먹 인사를 하고 등도 두드려 줬어요. 그는 참 훌륭한 선수예요!

give a fist bump 주먹을 부딪쳐 인사하다   pat on the back 격려하다, 등을 두드리다

048

Bumping a fist on top of
someone else's fist
주먹을 위아래로 부딪치는 모습

두 사람이 주먹을 쥐고 한 사람은 주먹을 위로, 다른 사람은 아래로 움직여 서로의 주먹을 부딪치는 제스처입니다. 그다음에는 반대 방향으로 다시 부딪치기도 합니다. 앞에 나온 제스처와 비슷하게 하이파이브 하는 느낌이죠. 가깝고 편한 사이에 격의 없이 인사하는 거예요.

네이티브는
이 동작과 함께
이런 말을
할 거예요!

그럼 우린
어떻게
반응할까요?

DIALOGUE 1

o **What's up?**
잘 지내?

o **I'm doing well.**
잘 지내고 있어.

o **You look great!**
아주 좋아 보이네!

o **That's nice of you to say.**
그렇게 말해 주니 고마워.

DIALOGUE 2

o **I haven't seen you in a while!**
정말 오랜만이네!

o **You look well!**
좋아 보인다!

o **How's life treating you?**
사는 건 어때?

o **I'm having a hard time.**
요즘 좀 힘들어.

뭐 해?	What's up?
잘하고 있지?	Are you doing well?
너 여기서 뭐 해?	What are you doing here?
정말 오랜만이야!	I haven't seen you in a while!
요즘 어떻게 살아?	How's life treating you?

난 잘 지내.	I'm doing well.
난 좋지. 고마워.	I'm great! Thank you!
좋아 보이네!	You look well!
요즘 좀 그래.	I've been better.
나 요즘 힘들어.	I'm having a hard time.

★ I've been better.
'요새 좀 그렇네', '그냥 그래'라는 뜻으로, 상황이 좋지 않음을 완곡하게 전달하는 표현입니다. 반대로 I've never been better.라고 하면 '그 어느 때보다 좋아'라는 의미가 됩니다.

Are you doing well? 잘하고 있지?

I ran into Henry today. We bumped fists / and talked for a while. He's been doing really well at his new job.

오늘 Henry를 우연히 만났어요. 우리는 주먹 인사를 하고 잠시 이야기를 나눴어요. 그는 새 직장에서 정말 잘하고 있다네요.

run into ~와 우연히 만나다 bump 부딪치다

049

Shaking hands with
someone else
악수하려 손을 내미는 모습

사람들은 처음 만났을 때, 아는 사람과 인사할 때, 또는 어떤 합의를 마무리할 때 악수하곤 하죠. 거래를 할 때 악수하는 것은 상대방에게 약속하는 것과 비슷합니다. 물론, 요즘은 접촉하지 않는 것을 선호하는 사람도 많지만요!

네이티브는
이 동작과 함께
이런 말을
할 거예요!

그럼 우린
어떻게
반응할까요?

DIALOGUE 1

○ **Nice to meet you.**
만나서 반갑습니다.

○ **Nice to meet you, too.**
저도요.

○ **I'm glad you came.**
와 주셔서 정말 기뻐요.

○ **Good to be here.**
저도 여기 오니 좋네요.

DIALOGUE 2

○ **How are you?**
안녕하세요?

○ **I'm great!**
좋습니다!

○ **Good to see you!**
이렇게 보니까 반가워요!

○ **Thanks for having me.**
초대해 주셔서 감사해요.

안녕하세요?	How are you?
만나서 반갑습니다!	Nice to meet you!
와 주셔서 정말 기뻐요.	I'm glad you came.
이렇게 보니까 반가워요!	Good to see you!
(합의) 그렇게 합시다!	It's a deal!

저는 잘 지내요.	I'm great. / I'm well.
저도 만나서 반갑습니다.	Nice to meet you, too.
여기 오니 좋네요.	Good to be here.
초대해 주셔서 감사해요.	Thanks for having me.
(합의) 한번 추진해 봅시다.	Let's make it happen.

Nice to meet you! 만나서 반갑습니다!

I met my new boss today. His name is Michael / and he seems really nice. After we were introduced and shook hands, / he talked with me / about my job and what I do for the company. I think we'll get along well.

오늘 새로운 직장 상사를 만났어. 그의 이름은 Michael이고 좋은 사람 같아. 우린 서로 인사를 한 후에 악수했어. 그는 내 일과 내가 회사에서 할 일에 대해서 얘기해 주었어. 우린 잘 맞을 것 같은 생각이 들었어.

get along well 마음이 맞다

050

Holding chin between
index finger and thumb
손가락으로 턱을 쥔 모습

엄지손가락으로 턱 밑을 받치고, 검지는 턱을
부드럽게 감싸고 있습니다. 나머지 손가락들
은 안으로 말아서 느슨하게 주먹을 쥐고 있죠.
이 제스처는 상대에게서 방금 들은 말을 곰곰
이 생각하며 중요한 결정을 내리고 있다는 신
호입니다. '이건 어떻게 할까?' 하며 신중히 고
민하는 순간인 거죠!

네이티브는
이 동작과 함께
이런 말을
할 거예요!

그럼 우린
어떻게
반응할까요?

DIALOGUE 1

○ Give me some time to think.
생각할 시간을 좀 줘.

○ Take all the time you need.
충분히 시간을 가져.

○ Let me sleep on it.
하룻밤 잘 생각해 볼게.

○ Let me know what you come
up with.
생각나면 나한테 알려 줘.

DIALOGUE 2

○ I'm thinking it through.
곰곰이 생각 중이야.

○ I'll wait to hear from you.
대답을 기다릴게.

○ I'll come up with a plan.
내가 계획을 짜 볼게.

○ Just let me know.
나한테 알려만 줘.

생각할 시간을 줘.	Give me some time to think.
생각해 볼게.	I'll think about it.
하룻밤 잘 생각해 볼게.	Let me sleep on it.
곰곰이 생각 중이야.	I'm thinking it through.
내가 계획을 세워 볼게.	I'll come up with a plan.
나한테 알려 줘.	Just let me know.
충분히 시간을 가져.	Take all the time you need.
네 대답을 기다릴게.	I'll wait to hear from you.
혼자 있을 시간을 줄게.	I'll give you some space.
생각나면 나한테 알려 줘.	Let me know what you come up with.

I'll give it some thought. 생각해 볼게.

I told my brother / that I would take him out for dinner for his birthday. I asked him where he wanted to go / and he gave it a lot of thought. He even held his chin and told me / he needed to think about it for a while. He finally decided on Mariano's Italian Restaurant. I love that place!

형에게 생일에 저녁을 사겠다고 했어요. 어디로 가고 싶은지 물어봤더니 형이 많이 고민하더라고요. 심지어 턱을 쥐고 생각할 시간이 필요하다고 했어요. 결국, 마리아노 이탈리안 레스토랑으로 결정했어요. 저도 그곳을 정말 좋아해요!

take [사람] out for dinner ~에게 저녁을 사 주다 decide on ~로 정하다

119

051

Holding chin in palm of the hand

손바닥으로 턱을 괴고 있는 모습

팔꿈치는 탁자나 책상 위에 놓여 있고, 손바닥은 위를 향하고 있으며, 턱은 손바닥 위에 얹혀 있습니다. 그리고 손가락들은 턱을 감싸듯 구부러져 있죠. 이 자세는 졸리거나 지루할 때 취하게 됩니다.

네이티브는
이 동작과 함께
이런 말을
할 거예요!

그럼 우린
어떻게
반응할까요?

DIALOGUE 1

○ I'm tired.
피곤해.

○ Didn't you get enough rest?
충분히 못 쉬었니?

○ I didn't sleep well.
잠을 잘 못 잤어.

○ Take a break.
좀 쉬어.

DIALOGUE 2

○ I'm sleepy.
졸려.

○ Had a long day?
힘든 하루였어?

○ I'm ready for bed.
자고 싶어.

○ Go lie down.
가서 좀 누워.

졸려.	I'm sleepy.
낮잠을 자야겠어.	I need a nap.
좀 봐줘. / 나 좀 내버려 둬.	Give me a break.
잠을 좀 더 자야겠어.	I need more sleep.
잠을 잘 못 잤어.	I didn't sleep well.

좀 쉬어.	Take a break.
가서 누워.	Go lie down.
잠깐 쉬어.	Rest for a minute.
커피 좀 마셔.	Drink some coffee.
똑바로 앉아! / 정신 차려!	Sit up! / Wake up!

Go lay down. 가서 좀 누워.

One of my students / was really tired in class. He was resting his chin on his palm / and his eyes kept closing. I talked to him after class / and he said he hadn't slept well the night before / because his roommate was loud.

제 학생 중 한 명이 수업 중에 정말 피곤해했어요. 손바닥에 턱을 괴고 자꾸 눈을 감았죠. 수업이 끝난 후에 이야기를 나눴더니, 전날 밤에 룸메이트가 시끄럽게 해서 잠을 잘 못 잤다고 하더군요.

rest [명사] on ~에 …를 받치다

052

Wringing hands
양손을 꽉 쥐고 있는 모습

면접이나 상견례처럼 긴장되는 상황에서 나올
수 있는 제스처로, 두 손을 모아 쥐거나 비비는
행동을 말합니다. 상대방이 이런 행동을 하고 있
으면 Calm down!(진정해!)이라고 말해 주세
요. 아주 가까운 사이라면 Stop freaking out,
man!(야, 호들갑 떨지 마!)이라고 할 수도요.

네이티브는
이 동작과 함께
이런 말을
할 거예요!

그럼 우린
어떻게
반응할까요?

DIALOGUE 1

○ I'm so nervous.
너무 긴장돼.

○ Calm down!
진정해!

○ I can't!
진정이 안 돼.

○ Just focus on something
positive.
긍정적인 생각만 해.

DIALOGUE 2

○ I'm very upset.
너무 속상해.

○ What's the matter with you?
뭐가 문젠데?

○ I can't focus on my work!
일에 집중할 수가 없어!

○ You need to get it together.
정신 차려.

너무 긴장돼.	I'm so nervous.
긴장을 풀 수 없어!	I can't relax!
겁나 죽겠어!	I'm scared!
집중이 안 돼.	I'm distracted.
일에 집중할 수가 없어.	I can't focus on my work.

진정해! 긴장하지 마.	Calm down! Don't be nervous.
걱정할 필요 없어.	You don't need to worry.
너 때문에 나도 긴장돼!	You're making me nervous!
너 긴장했어! 좀 풀어!	You're uptight! Relax!
정신 차려야 해.	You need to get it together.

It's just a moment. I'll be fine. 잠깐일 뿐이야. 난 괜찮을 거야.

I had to present at a work conference today. I was so nervous! I was sweating / and wringing my hands. I'm so glad it's over!
오늘 업무 회의에서 발표를 해야 했어. 난 너무 긴장돼서 땀을 흘리며 두 손을 꽉 쥐고 있었어. 끝나서 너무 좋아!

wring one's hands 양손을 꽉 쥐다　over 끝이 난

053

Fisted hands
주먹을 불끈 쥐고 있는 모습

주먹을 쥐는 상황은 주로 두 가지 경우인데, 하나는 화가 나거나 열받았을 때이고, 다른 하나는 중요한 운동 경기나 회사 발표를 앞두고 파이팅을 다짐할 때입니다.

네이티브는 이 동작과 함께 이런 말을 할 거예요!

그럼 우린 어떻게 반응할까요?

DIALOGUE 1

○ I'm pissed off!
나 완전 열받았어!

○ What happened this time?
이번에는 왜 또?

○ This isn't fair!
이건 공평하지 않아!

○ Life isn't fair.
원래 인생은 공평하지 않은 거야.

DIALOGUE 2

○ I'm angry.
화나네.

○ Don't freak out. Take a deep breath.
열받지 마. 심호흡 좀 해.

○ I can't believe this!
믿을 수가 없어!

○ There's nothing you can do about it.
네가 뭘 어쩌겠니.

열받아 죽겠어!	I'm pissed off!
화가 나!	I'm angry!
이건 불공평해!	This isn't fair!
참을 수가 없어!	I can't stand it!
난 할 수 있어!	I can do this!

열받지 마.	Don't freak out.
진정해!	Calm down!
원래 인생은 공평하지 않아.	Life isn't fair.
(잊고) 넘어가. 이겨내.	Move on. Get over it.
넌 잘할 거야!	You'll do great!

★ Don't freak out.
'패닉에 빠지지 마', '호들갑 떨지 마', '진정해'라는 의미로 원어민들이 늘 입에 달고 사는 현지 표현입니다. Don't panic, Don't be mad, Don't be angry. 대신 사용하면 됩니다.

You'll do great! 넌 잘할 거야!

Before the game, / Jacob seemed really pumped up. He was in the locker room / talking to himself with his fists clenched. I think he'll play really good tonight.

경기 전 Jacob은 정말 들떠 보였어요. 그는 라커 룸에서 주먹을 꽉 쥔 채 혼잣말을 하고 있었어요. 오늘 밤 그는 정말 잘할 것 같아요.

pumped up (흥분, 열의로) 들뜬 talk to oneself 혼잣말하다 clench 주먹을 꽉 쥐다 play good 좋은 플레이를 하다

054

Applauding hands
박수를 치는 모습

사람들은 연설, 공연, 또는 스포츠 경기가 끝
난 후 감동받았을 때 박수를 보냅니다. 감동이
클수록 박수 소리도 커지며, 자리에서 일어나
아주 크게, 아주 오래 치기도 하죠. 박수만 치
기 멋쩍을 때 옆에 있는 사람에게 This
is awesome. It's amazing!과 같은
멘트를 던져 보세요.

네이티브는
이 동작과 함께
이런 말을
할 거예요!

그럼 우린
어떻게
반응할까요?

DIALOGUE 1

o **That was great!**
정말 좋았어!

o **Did you like it?**
마음에 들었어?

o **The concert was awesome!**
콘서트가 정말 끝내줬어!

o **It wasn't my favorite.**
내 취향은 아니었는데.

DIALOGUE 2

o **What a great speech!**
정말 훌륭한 발표였어!

o **I completely agree!**
완전 동의!

o **I loved it!**
너무 좋았어.

o **They nailed it!**
정곡을 찌르더군!

너무 좋았어!	I loved it!
정말 좋았어!	That was great!
장난 아니었어!	That was a blast!
그 사람들 아주 잘했어!	They did a good job!
정말 훌륭한 발표였어!	What a great speech!

마음에 들었어?	Did you like it?
대단했어!	It was amazing!
정말 좋았어!	I enjoyed that!
그 사람들 정말 훌륭했어.	They did wonderful.
찢었다!	They nailed it!

★They nailed it.
일을 성공적으로 완벽하게 해내는 모습을 nail it이라고 표현합니다. 속된 말로
'찢었다'라는 의미입니다. 전문가다운 식견으로 좌중을 휘어잡으며 정곡을 찌
르는 발표를 보면 They nailed it!이라고 할 수 있습니다.

It was awesome! 정말 대단했어!

We went to a Garth Brooks concert last weekend. When he sang the
last song, / everyone sang along / and applauded the whole time.

우린 지난 주말에 Garth Brooks 콘서트에 갔어. 그가 마지막 노래를 부를 때 모두 떼창을 했고
콘서트 내내 박수갈채를 보냈어.

sing along 노래를 따라 부르다   applaud 박수를 치다

055

Throwing hands
in the air
양손을 허공에 올리는 모습

어떤 상황이 이해가 안 되거나 당황스러울 때 황당하다는 표정을 지으며 양손을 가볍게 허공으로 쳐드는 동작입니다. 이런 제스처를 하면서 I don't understand.(이해가 안 돼)나 I'm upset.(열받아)이라고 말하며 감정을 강력하게 어필합니다. 종종 포기를 선언하고 나가 버리기도 하죠.

네이티브는 이 동작과 함께 이런 말을 할 거예요!

그럼 우린 어떻게 반응할까요?

DIALOGUE 1

○ I don't understand.
난 이해가 안 돼.

○ Let me explain it to you.
내가 설명해 줄게.

○ I can't figure it out.
전혀 이해가 안 된다니까.

○ I'll help you with it.
내가 도와줄게.

DIALOGUE 2

○ I'm confused.
헷갈려.

○ Take a deep breath. It's okay.
심호흡 한번 해. 괜찮아.

○ I'm lost!
뭐가 뭔지 모르겠어!

○ Let's do it together.
우리 같이해 보자.

뭐가 뭔지 모르겠어!	I'm lost!
헷갈려.	I'm confused.
이해가 안 돼.	I don't understand.
무슨 뜻인지 모르겠어.	I don't get it.
전혀 이해가 안 돼.	I can't figure it out.

내가 도와줄게.	I'll help you with it.
너 이거 할 수 있어.	You can do this.
우리 같이해 보자.	Let's do it together.
내가 설명해 줄게.	Let me explain it to you.
차근차근 정리해 보자.	Let's break it down step by step.

★I can't figure it out.

어떤 상황 또는 대상을 파악하고 이해한다고 할 때 figure out을 씁니다. 가장 많이 쓰는 표현은 I'll figure out myself.(내가 파악해 볼게)입니다.

Don't get upset! Take a break. 열받지 마! 잠시 쉬어.

We've been working on a group project for our class. It hasn't been going very well. Mike got so frustrated / during one of our meetings / that he threw his hands in the air and walked out.

우린 수업과 관련해 그룹 프로젝트를 진행 중인데, 잘 진행되지 않고 있어. Mike는 회의 도중 너무 좌절해서 양손을 허공에 던져 올리며 나가 버렸어.

go well 잘되다 throw 던지다

056

Slamming hands
on the table

손으로 탁자를 쾅 내려치는 모습

회의를 하다가 열받아서 미칠 지경이 되면
가장 먼저 보이는 반응이 손으로 책상을 치
는 행위이죠? 이렇게 손으로 내려치는 것을
영어로는 slamming이라고 합니다. 또한 주
위 사람들의 주의를 끌기 위해 이 제스처를
하기도 합니다.

네이티브는
이 동작과 함께
이런 말을
할 거예요!

그럼 우리
어떻게
반응할까요?

DIALOGUE 1

○ **This is wrong!**
이건 정말 아니야!

○ **What do you mean by that?**
그건 무슨 뜻이야?

○ **We need to fix it.**
우리가 그걸 바로잡아야 해.

○ **Stop dwelling on it.**
그만 좀 해.

DIALOGUE 2

○ **Listen to me!**
내 말 좀 들어 봐!

○ **I'm listening.**
듣고 있어.

○ **This isn't right.**
이건 맞지 않아.

○ **I hear you. Tell me more.**
그래, 알겠어. 더 말해 봐.

이건 정말 아니야!	This is wrong!
이건 맞지 않아!	This isn't right!
이럴 수는 없어!	This can't be!
내 말 좀 들어 봐!	Listen to me!
날 좀 보라니까! 집중!	Look at me! Pay attention!

그냥 진행하자.	Move on.
잘해 봐.	Deal with it.
그래, 무슨 말인지 알아.	I hear you.
그만 좀 해.	Stop dwelling on it.
잘 듣고 있어.	I'm paying attention.

★ Stop dwelling on it.
어떤 상황에 대해서 계속해서 말하고 또 하는 사람에게 Stop dwelling on it.이
라고 말하면 '그만 좀 해'라는 의미입니다. 계속 불평하는 자녀에게 부모님이
Stop dwelling on it.이라고 말할 수 있는 거죠.

I'm talking! 나 아직 얘기 중이야!

I tried to give my ideas at the meeting, / but my boss slammed his hand on the table / and told me to stop interrupting. I just kept my mouth shut after that.

회의 때 내 생각을 제시하려고 했는데 상사가 탁자를 손으로 내리치면서 나보고 방해 말라고 했어. 그래서 그 후로 그냥 입을 다물고 있었어.

slam one's hand 손으로 쾅 치다   interrupt 가로막다   keep one's mouth shut 입 다물고 있다

057

Hands on hips
양손을 허리에 올리는 모습

화가 나거나 큰소리를 내며 기선을 제압하려고 할 때 허리춤에 양손을 올리는 제스처를 합니다. 보통 화난 표정 또는 이해가 안 된다는 표정을 함께 짓습니다. 원어민이 허리춤에 양손을 올린 채 화난 표정으로 나를 쳐다보고 있다면, 우선 진정시키는 말을 하는 것이 좋겠죠?

네이티브는 이 동작과 함께 이런 말을 할 거예요!

그럼 우린 어떻게 반응할까요?

DIALOGUE 1

○ **What's going on here?**
여기 무슨 일 있어?

○ **Nothing!**
아무 일도 없어!

○ **Who did this?**
이거 누가 그랬지?

○ **I didn't do it.**
내가 안 그랬어.

DIALOGUE 2

○ **I'm not sure how to handle this.**
어떻게 처리해야 할지 모르겠군.

○ **Don't worry about it. I'll do it.**
걱정하지 마. 내가 할게.

○ **Fine, you do it.**
좋아, (그렇다면) 네가 해 봐.

○ **Just trust me. I've got this.**
그냥 날 믿어. 내가 알아서 할게.

이건 뭐지?	What's this?
이거 누가 그랬지?	Who did this?
끔찍해!	That's horrible!
무슨 일이지?	What happened?
여기 무슨 일 있어?	What's going on here?

아무 일도 없어!	Nothing!
내가 안 그랬어.	I didn't do it.
날 보지 말라고.	Don't look at me.
우린 아무것도 안 했어.	We didn't do anything.
날 믿어. 내가 할게.	Just trust me. I've got this.

Nothing happened! 아무 일도 없었어요!

I got home late last night / and when I walked inside / my mom was so mad. She had her hands on her hips / and was yelling at me / about being in trouble for being late.

어젯밤에 늦게 집에 들어갔는데 엄마가 화가 많이 나 계셨어. 엉덩이에 두 손을 올리신 채 나보고 늦게 다닌다고 소리를 지르셨어.

yell at ~에게 호통치다

058

Hand on chest
가슴에 손을 올리는 모습

손바닥을 가슴 위쪽에 대고 심장을 덮어 주는
동작입니다. 이 제스처를 한 문장으로 표현하
자면 It's a sign of surprise.입니다. 놀람을
표현할 때 이 제스처를 주로 사용하는데, 보통
헉하고 놀라며 이 제스처를 합니다.

네이티브는
이 동작과 함께
이런 말을
할 거예요!

그럼 우린
어떻게
반응할까요?

DIALOGUE 1

o Oh my!
오, 이런!

o Don't be scared!
겁먹지 마!

o You scared me!
너 때문에 깜짝 놀랐잖아!

o I didn't mean to.
그럴 의도는 아니었어.

DIALOGUE 2

o Look at that! I can't believe it!
저것 좀 봐! 믿기지가 않아!

o Isn't it amazing?
놀랍지 않아?

o That's so special.
완전 특별해.

o I thought you'd love it!
네가 좋아할 줄 알았어!

어머! 깜짝 놀랐잖아!	Oh my! You scared me!
얼마나 무섭던지!	It's scary!
나 겁주지 마!	Don't scare me!
믿기지가 않아!	I can't believe it!
끝내준다!	This is amazing!

그럴 의도는 아니었어.	I didn't mean to.
겁먹지 마!	Don't be scared!
널 위한 거야.	It's for you.
네가 좋아할 줄 알았어!	I thought you'd love it!
널 놀라게 해 주고 싶었어.	I wanted to surprise you.

I'll take care of you. 내가 널 책임질게.

I asked my girlfriend / to marry me last night. We were outside near a lake / and I got down on one knee. She was so surprised! She put her hand over her heart / and gasped. She said yes!

어젯밤에 여자친구에게 청혼했어. 우린 호수 근처에 있었는데 난 한쪽 무릎을 꿇었지. 여자친구는 너무 놀라워했어! 그녀는 가슴에 손을 올리고 숨을 헐떡였어. 그녀는 내 청혼을 승낙했어!

get down on one knee 한쪽 무릎을 꿇다   gasp 숨이 턱 막히다

135

059

Index finger touching chin

검지를 턱에 살짝 대고 있는 모습

엄지손가락은 턱 아래에서 머리를 지탱하고 나머지 손가락들은 안으로 말아 느슨한 주먹을 쥔 채 검지를 아랫입술 바로 아래턱에 가만히 대거나 턱을 가볍게 문지르는 제스처입니다. 골똘하게 생각에 잠겨 중요한 결정을 하고 있다는 신호입니다.

네이티브는
이 동작과 함께
이런 말을
할 거예요!

그럼 우린
어떻게
반응할까요?

DIALOGUE 1

○ I'm deep in thought.
심히 고민되네.

○ Let me know what you decide.
결정되면 알려 줘.

○ I'm torn on the options.
선택이 힘드네.

○ I can give you some time.
시간을 좀 줄게.

DIALOGUE 2

○ I've been thinking, but I can't decide.
생각해 봤는데, 결정할 수가 없어.

○ I can help you decide.
내가 결정하는 거 도와줄게.

○ Thanks, but I need to think a bit more.
고마운데, 좀 더 생각해 봐야겠어.

○ Give it some time.
시간을 두고 생각해 봐.

심히 고민되네.	I'm deep in thought.
선택이 힘드네.	I'm torn on the options.
내가 결정할게.	I'm making a decision.
시간을 조금 더 줘.	Give me a minute.
생각해 봤는데, 결정할 수가 없어.	I've been thinking, but I can't decide.
시간을 좀 줄게.	I can give you some time.
시간을 두고 생각해 봐.	Give it some time.
결정하는 거 도와줄게.	I can help you decide.
넌 올바른 선택을 할 거야.	You'll pick the right one.
내가 대신 골라 줄게.	I can choose for you.

★ I'm torn on the options.
I cannot decide which to choose.와 같은 의미로, 선택해야 할 상황에서 선택이 힘들 때 이렇게 말합니다. 여기서 torn은 tear의 과거분사형입니다.

Take your time. 시간을 좀 더 가지세요.

I had to ask my boss about the project. I could tell / that he was thinking about my question / because he was resting his chin on his hand / and looked confused. I'm going to give him some time / to think through my question.

상사에게 그 프로젝트에 대해서 물어봐야 했어요. 그가 제 질문에 대해 생각하고 있다는 걸 알 수 있었죠. 그는 손에 턱을 괴고 혼란스러워 보였거든요. 제 질문에 대해서 생각할 시간을 좀 드려야겠어요.

look confused 혼란스러워 보이다   think through 충분히 생각하다

060

Rubbing finger under nose
검지로 코밑을 문지르는 모습

살짝 주먹 쥔 손의 검지를 쭉 뻗어 코 아래를 수평으로 왔다 갔다 문지르는 동작입니다. 이 제스처는 뭔가 긴장되거나 스트레스를 받을 때, 또는 속마음을 들키는 게 두려워서 진짜 생각을 감추고 싶어 할 때 나타납니다. 마치 '흠, 이거 좀 신경 쓰이는데, 괜찮을까?'라고 스스로에게 묻는 듯한 모습이죠.

네이티브는 이 동작과 함께 이런 말을 할 거예요!

그럼 우린 어떻게 반응할까요?

DIALOGUE 1

o **I'm getting nervous.**
점점 긴장되네.

o **Why?**
어째서?

o **I have a big project going on.**
큰 프로젝트를 하고 있어.

o **Just take it one step at a time.**
그냥 차근차근히 해.

DIALOGUE 2

o **My neck is tense.**
목이 뻣뻣해.

o **What's wrong?**
뭐가 문젠데?

o **I have a lot going on right now.**
지금 할 일이 많아.

o **Relax! Don't stress about it.**
긴장 풀어! 스트레스 받지 마.

점점 긴장되네.	I'm getting nervous.
스트레스 받아.	I feel stressed.
난 일에 치여 있어.	I'm swamped.
지금 할 일이 많아.	I have a lot going on right now.
난 일이 걱정돼.	I'm worried about work.

왜? 무슨 일이야?	Why? What's going on?
고민이 뭐야?	What's bothering you?
뭐 때문에 바쁜데?	What are you busy with?
마감이 언제야?	When is your deadline?
그걸로 스트레스 받지 마.	Don't stress about it.

★ I'm swamped.

swamp는 '늪', '습지'란 뜻의 명사, '(힘든 일이) 쇄도하다'란 뜻의 동사입니다. 따라서 swamped는 일의 늪에 빠진 것처럼 '눈코 뜰 새 없이 바쁜'이란 의미입니다. totally를 추가해 I'm totally swamped.라고도 합니다.

Try not to worry about it. 걱정하지 말라니까.

When I got to work, / John was already at his desk / working. He looked tired and nervous, / and he kept rubbing under his nose. He said / he was worried about a deadline for a report. I offered to help him, / but he said / he didn't need any help.

제가 출근했을 때 John은 이미 책상에 앉아서 일하고 있었어요. 그는 피곤하고 긴장한 모습이었고, 자꾸 코밑을 문지르고 있었어요. 보고서 마감일 때문에 걱정된다고 했어요. 제가 도와주겠다고 했지만, 그는 도움이 필요 없다고 하네요.

get to work 출근하다   deadline 기한

061

Pinky wave
새끼손가락을 흔드는 동작

pinky wave는 우리나라 사람들에게는 익
숙하지 않은 제스처입니다. 다른 손가락들
은 주먹을 쥐고 새끼손가락(pinky)만 편 상
태에서 마치 손을 흔드는 것처럼 흔드는데,
연인이나 부모 자식 사이에 '안녕'이나 '사
랑해'라는 의미로 합니다.

네이티브는
이 동작과 함께
이런 말을
할 거예요!

그럼 우린
어떻게
반응할까요?

DIALOGUE 1

○ **How have you been?**
잘 지내고 있어?

○ **Hey there.**
어이, 안녕.

○ **I've missed you!**
얼마나 보고 싶었다고!

○ **I've missed you too!**
나도 보고 싶었어!

DIALOGUE 2

○ **I love you!**
사랑해!

○ **I love you, too!**
나도 사랑해!

○ **You mean a lot to me!**
넌 나에게 정말 소중해!

○ **I feel the same way.**
나도 같은 마음이야.

안녕, 자기! / 안녕, 애야!	Hi sweetie!
어이, 안녕.	Hey there.
사랑해!	I love you!
넌 나한테 특별해!	You're special to me!
넌 나한테 소중해!	You mean a lot to me!

보고 싶었어!	I've missed you!
너무 보고 싶었어.	I couldn't wait to see you.
나도 널 사랑해!	I love you, too!
넌 나에게 정말 소중해!	You mean so much to me!
나도 마찬가지야.	I feel the same way.

★ You mean a lot to me!
사랑하는 사람에게 이보다 더 아름다운 애정 표현은 없을 겁니다. 이 표현은 상대방이 내게 특별하고 소중한 존재라는 뜻입니다. 우리나라 사람들에게는 입이 좀 간지러운 표현이지만, 미국인들은 너나없이 날리는 애정 표현입니다.

You're doing great! I'm proud of you! 너 멋져! 네가 자랑스러워!

My son was getting ready to play in his band concert. He was extremely nervous. When he looked at me, / I pinky waved at him from the audience / and he got a big smile on his face.

아들이 밴드 콘서트에서 연주할 준비를 하고 있었어. 아주 긴장하더군. 아들이 나를 봤을 때 관객석에서 새끼손가락을 흔들어 주었어. 그러자 아들이 활짝 웃었어.

extremely 극도로   pinky wave at ~에게 새끼손가락을 흔들어 주다   audience 청중

062

Middle finger
가운뎃손가락을 쓰는 동작

가운뎃손가락을 드는 것이 욕이라는 것은
누구나 알고 있습니다. 이 제스처는 매우 공
격적이라, 미국에서라면 총 맞을 각오를 해
야 할 수도 있습니다. 물론, 아주 친한 친구
들끼리 이 제스처를 장난으로 하는 경우도
있죠. 참고로 이 제스처로 누군가에게 욕하
는 것을 flip someone off라고 합니다.
Did you flip me off?(당신, 나한테 손가락
욕한 거야?)

네이티브는
이 동작과 함께
이런 말을
할 거예요!

그럼 우린
어떻게
반응할까요?

DIALOGUE 1

○ I hate you!
너 정말 싫어!

○ Chill out.
진정해.

○ Go to hell.
지옥에나 가라.

○ You're just upset.
너 화 나서 그래.

DIALOGUE 2

○ I can't stand them!
난 쟤들 참을 수가 없어!

○ Let's get out of here.
여기서 나가자.

○ I'm so pissed!
진짜 열받아!

○ Calm down!
진정해!

너 정말 싫어.	I hate you.
지옥에나 가라.	Go to hell.
넌 미친놈이야!	You're an asshole!
쓰레기 같은 놈!	You're a jerk!
넌 내게 중요하지 않아.	You don't matter to me.

나도 너 싫어.	I hate you, too!
싸움은 하지 말자.	Don't start a fight.
진정해.	Chill out. / Calm down.
우리 다신 보지 말자.	I never want to see you again.
네 생각 따윈 신경 안 써.	I don't care what you think.

★ 친한 친구들 사이에 장난치면서 흔히 하는 말들

- tease: I am teasing you. 장난친 거야.
- mess around: Stop messing around. 그만 좀 해.
- knock off: Knock it off! 좀 꺼져 줄래?

You're being an ass. 이런 멍청이 같으니!

I was driving on the highway / and another car almost hit me.
I honked at him, flipped him off / and told him to learn how to drive.
고속도로에서 운전하는데 다른 차가 내 차에 부딪힐 뻔했어. 나는 경적을 울리고 가운뎃손가락
을 들어 욕하면서 운전 똑바로 하라고 했어.

honk at ~에 경적을 울리다   flip [사람] off 가운뎃손가락을 들어 ~에게 욕하다

063

Extending the thumb and index finger to create "L"

이마에 알파벳 L을 만들어 보이는 모습

엄지와 검지로 알파벳 L 모양을 만들어 이마에 올리는 동작으로, 상대를 패배자(Loser)라고 놀릴 때 하는 제스처예요. 주로 장난스럽게 쓰이지만, 상대방이 기분 나빠 할 수 있으니 조심해요. 친구끼리 게임에서 이것을 때 진 친구에게 농담처럼 만들어 보이곤 하지요.

네이티브는 이 동작과 함께 이런 말을 할 거예요!

그럼 우린 어떻게 반응할까요?

DIALOGUE 1

- Ha-ha! I won again!
  하하! 또 내가 이겼어!

- No way! I'll win next time!
  말도 안 돼! 다음엔 내가 이길 거야!

- You lost!
  넌 졌다니까!

- We'll see about that!
  두고 보시지!

DIALOGUE 2

- You missed the shot! I won!
  너 슛 놓쳤어! 내가 이겼어!

- You just got lucky!
  넌 그냥 운이 좋았던 거야!

- Nah, I'm just better!
  아냐, 내가 그냥 잘하는 거야!

- Let's play again!
  한 판 더 해!

넌 패배자야!	Loser!
네가 졌어!	You lost!
게임 끝!	Game over!
어휴, 형편없어!	That was pathetic!
너 진짜 못한다!	You're so bad at this!

말도 안 돼!	No way!
절대 인정 못 해!	I don't accept this!
넌 그냥 운이 좋았어!	You just got lucky!
한 판 더 해!	Let's play again!
다음엔 내가 이길 거야!	I'll win next time!

★ We'll see about that!
상대가 자신만하게 말했을 때, '그렇게 될지 두고 보자' 또는 '과연 그럴까?'
라고 말하는 느낌입니다. 예를 들어, 친구가 '난 널 이길 거야!'라고 하면 We'll
see about that!이라고 받아치면 됩니다.

We'll see about that! 두고 보시지!

Tommy and Mike were playing video games. After a long match,
Tommy won the final round. He grinned / and made the letter "L"
with his hand / in front of Mike. "Loser!" Mike groaned. "No way! You
just got lucky!"

Tommy와 Mike는 비디오 게임을 하고 있었어. 긴 게임 끝에 Tommy가 마지막 라운드에서 이
겼어. 그는 웃으며 Mike를 향해 손으로 알파벳 L을 만들어 보였어. "패배자!" Mike는 신음하며
말했어. "말도 안 돼! 넌 그냥 운이 좋았던 거야!"

grin 활짝 웃다   groan 신음 소리를 내다

145

064

Flexing the index and
middle fingers of both hands
양손으로 큰따옴표를 만드는 모습

대화 중에 특정 단어를 강조하거나 남의 말을 인용할 때, 양손 검지와 중지로 허공에 큰따옴표를 만드는 동작입니다. air quotation이라고 하는데, 비꼬거나 어이없다는 느낌을 주기도 해요. 예를 들어, I had a "great time."이라고 말하면서 이 제스처를 하면 사실은 전혀 즐겁지 않았다는 의미일 수 있습니다. 말의 뉘앙스를 미묘하게 바꾸는 데 유용한 제스처예요.

네이티브는
이 동작과 함께
이런 말을
할 거예요!

그럼 우린
어떻게
반응할까요?

DIALOGUE 1

○ My boss gave me a "fun" project today.
상사가 오늘 '재미있는' 프로젝트를 줬어.

○ Oh, what a "perfect" plan.
오, 정말 '완벽한' 계획이군.

○ Yeah, more work for me.
그러게, 그냥 일만 늘었지.

○ Classic.
그렇지 뭐.

DIALOGUE 2

○ The teacher said the test was "easy."
선생님이 시험이 '쉽다'고 하셨어.

○ Are you being sarcastic?
지금 비꼬는 거야?

○ Of course! It was really hard!
당연하지! 시험 엄청 어려웠어!

○ Ugh, they always say that.
아휴, 선생님들은 맨날 그러셔.

너무 '완벽한' 계획이야.	What a "perfect" plan.
걔가 '실수'라더라.	He said it was a "mistake."
이게 '역대급'이지.	This is the "best" ever.
그건 그냥 '규칙'일 뿐.	That's just a "rule."
진짜 '열심히' 했겠네.	You must have worked "so hard."

지금 비꼬는 거야?	Are you being sarcastic?
말 그대로 받아들이지 마.	Don't take it literally.
그거 농담이지?	That's a joke, right?
그 말 무슨 뜻이야?	What do you mean by that?

★ Are you being sarcastic?
상대가 비꼬거나 반어적인 말을 하면 그 말이 진심인지 아닌지 확인하거나, 가볍게 받아칠 때 유용한 표현입니다. '지금 비꼬는 거야?' 혹은 '너 진심이야, 아니면 비꼬는 거야?'라는 의미입니다.

The "Best" meeting ever. '역대급' 회의야.

Jim walked into the meeting room, / already tired. His boss started talking, / and Jim made an air quotation gesture. "This is going to be the 'best' meeting ever," he whispered. His coworker laughed. "Yeah, so exciting."

Jim은 피곤한 얼굴로 회의실에 들어섰어. 상사가 말을 시작하자, Jim이 허공에 인용하는 제스처를 하며 속삭였어. "이건 '역대급' 회의야." 동료가 웃으며 대답했어. "그래, 너무 기대된다."

quotation 인용

065

Pointing the index and
middle fingers at the head
손으로 총 모양을 만들어 머리를 쏘는 동작

정말 하기 싫은 일을 해야 할 때, 너무 지치거나 벅찬 상황에 놓였을 때 이 동작을 합니다. 예를 들어, 마감 기한이 얼마 남지 않은 보고서를 작성해야 하거나, 끝없는 업무에 질렸을 때 이 제스처를 하면 '아, 정말 미치겠다!'라는 의미입니다. 장난스러운 느낌이고, 심각한 의미를 담고 있지는 않아요.

네이티브는
이 동작과 함께
이런 말을
할 거예요!

그럼 우린
어떻게
반응할까요?

DIALOGUE 1

○ **I have three assignments due tonight.**
오늘 밤까지 과제 세 개를 제출해야 해.

○ **Ugh, I feel you. This is so hard.**
아, 완전 공감. 너무 어려워.

○ **I'm losing my mind!**
어디서부터 시작해야 할지도 모르겠어.

○ **Just take it one step at a time.**
진짜 미치겠어!

DIALOGUE 2

○ **I have to work all weekend.**
주말 내내 일해야 해.

○ **Let's survive this together!**
우리 함께 버텨 보자!

○ **Ugh, I hope I make it through.**
아, 잘 버틸 수 있을지 모르겠어.

○ **Just think about the weekend after that!**
그다음 주말을 생각하자고!

이거 너무 어렵네.	This is so hard.
나 진짜 미치겠어!	I'm losing my mind!
이건 진짜 고문이야!	This is pure torture!
끝이 안 보여.	I don't see an end to this.
하기 싫어 죽겠어!	I really don't want to do this!

나도 그래!	Same here!
진짜 힘들겠다.	That sounds tough.
그냥 끝내버려!	Just get it over with!
너무 스트레스 받지 마.	Don't stress too much.
우리 같이 버텨 보자!	Let's survive this together!

★ Ugh, I hope I make it through.
어려운 상황이나 힘든 일을 앞두고 있을 때 '아, 이걸 버틸 수나 있을까' 혹은 '제발 무사히 넘기길'이라는 의미로 씁니다. 주로 시험, 프로젝트, 바쁜 하루 같은 힘든 상황에서 한숨을 내쉬며 말합니다.

Too Much Work! 할 일이 너무 많다니까!

It was Monday morning, / and Jake walked into the office / looking exhausted. His boss had just assigned him a huge project / with a tight deadline. He sighed / and pointed his index and middle fingers at his head. His coworker laughed / and said, "Same here, buddy. Let's just get through this week."

월요일 아침, Jake는 피곤한 얼굴로 사무실에 들어섰어. 상사가 그에게 마감 기한이 빠듯한 대형 프로젝트를 맡겼거든. 그는 한숨을 쉬며 손으로 총 모양을 만들어 자기 머리에 겨눴어. 동료가 웃으며 "나도 그래, 친구. 그냥 이번 주만 어떻게든 버텨보자."라고 말했어.

exhausted 기운이 빠진 assign (일을) 맡기다 tight 빠듯한 get through 통과하다, 완수하다

066

Slow extension and flexion of the Index finger

검지를 천천히 구부렸다 폈다 하는 동작

검지를 구부렸다 폈다 하는 이 제스처는 우리 나라에서도 누군가를 자기 쪽으로 오라고 부를 때 종종 합니다. 다른 점은 우리나라에서는 손바닥이 위로 향한 채 굽혔다 폈다 하지만, 미국인들은 손바닥을 하늘로 향하게 해서 손가락을 움직인다는 거지요.

네이티브는
이 동작과 함께
이런 말을
할 거예요!

그럼 우린
어떻게
반응할까요?

DIALOGUE 1

○ **Come here!**
이리 와 봐!

○ **I'm coming.**
간다.

○ **I want to talk to you.**
얘기할 게 있어.

○ **I'll be right there.**
금방 갈게.

DIALOGUE 2

○ **I'd like a minute.**
시간 좀 내 주라.

○ **We can talk later.**
우리 나중에 얘기하자.

○ **Get over here.**
이리 좀 와 보라니까.

○ **Hold your horses!**
좀 기다려!

이리 좀 와!	Come here!
여기로 와 봐.	Get over here. / Come over here.
얘기할 게 있어.	I want to talk to you.
시간 좀 내 줘.	I'd like a minute.
너한테 할 말 있어.	I need to speak with you.

가고 있어.	I'm coming. / I'm on my way.
지금은 안 돼!	Not now!
금방 갈게.	I'm getting there.
잠깐만!	Just a minute! / In a second!
잠시만 기다려.	Hold on. / Give me a minute.

★ Hold your horses!
말이나 마차를 타고 다니던 문화에서 유래한 표현으로, 고삐를 잡아당겨서
(hold) 막 달리려는 말을 가지 못하게 하는 모습입니다. 우리말로는 '잠깐 기다
려!'로 해석됩니다.

I see you! 내가 너 보고 있다!

When I was little, / I always knew I was in big trouble / when my mom would use her pointer finger to call me over to her. She used to crouch down / and look right at me / when she did it, / and I knew she needed to talk to me about something I did wrong.

어렸을 때 엄마가 손가락으로 나를 오라고 부를 때는 늘 큰 문제가 생겼다는 걸 알았어. 날 그렇게 부를 때 엄마는 몸을 굽히고 나를 뚫어지게 쳐다보셨고, 그러면 나는 내가 잘못한 일에 대해 말씀하실 거라는 걸 알았어.

be in big trouble 큰 문제에 빠지다 call [사람] over to ~로 …를 부르다 crouch down 웅크리다

067

Thumbs up
엄지척하는 동작

thumbs up은 주먹을 쥔 상태에서 엄지손가
락을 추켜올리는 제스처입니다. 상대방에게
만족을 표시할 때, 상대방의 의견이나 제안에
동의할 때 이 제스처가 나옵니다.

네이티브는
이 동작과 함께
이런 말을
할 거예요!

그럼 우린
어떻게
반응할까요?

DIALOGUE 1

○ I honestly like it!
진짜 마음에 들어!

○ It looks fantastic!
멋지다!

○ I totally agree.
완전 동의.

○ It's simply perfect.
정말 완벽해.

DIALOGUE 2

○ I'm happy with it!
난 그게 아주 마음에 들어!

○ I'm glad you like it.
마음에 든다니 나도 좋네.

○ What do you think?
넌 어때?

○ I think it looks fantastic!
정말 멋진 것 같아!

난 좋아!	I like it! / I feel good!
너 정말 잘했어!	You rock!
멋진데!	That looks fantastic!
난 그게 아주 마음에 들어!	I'm happy with it!
난 동의해! 좋은 생각이야!	I agree! That's a good idea!

좋아 보여.	It looks great.
우리가 해냈어!	We made it!
잘했어! 우리가 해냈어!	Good job! We did it!
마음에 든다니 나도 좋네.	I'm glad you like it.
네가 괜찮다니 기쁘네.	I'm happy you're alright.

I'm glad you're okay. 괜찮다니 다행이야.

Mike took a hard hit at the football game. I was worried he got hurt. When he stood up, / he gave me a thumbs up / to let me know he was alright.

Mike가 미식축구 경기에서 심하게 부딪혔어. 나는 그가 다쳤을까 봐 걱정됐어. Mike는 일어나면서 괜찮다고 엄지척을 해 주었어.

take a hit 타격을 입다   give [사람] a thumbs up ~에게 엄지척해 주다

068

Index and middle finger extended: V sign

검지와 중지로 V 사인하는 동작

우리가 흔히 Victory(승리)의 표시로 알고 있는 V sign(V shape)은 사실 원어민들에게는 Peace(평화)의 의미입니다. 제2차 세계대전 중 윈스턴 처칠이 승리의 의미로 한 것이 베트남 전쟁을 거치면서 미국의 히피 문화와 결합해 평화의 의미로 바뀐 것이지요. 이 V sign을 할 때는 손바닥을 내보이면서 검지랑 중지로 V 모양을 만들면 됩니다.

네이티브는 이 동작과 함께 이런 말을 할 거예요!

그럼 우린 어떻게 반응할까요?

DIALOGUE 1

○ **We aren't doing anything wrong.**
(시위 현장에서) 우린 잘못된 일은 하지 않아요.

○ **Then, what are you doing here?**
그럼 지금 뭘 하시는 거죠?

○ **We're here to help.**
우린 도와주러 온 거예요.

○ **We appreciate the help.**
도움은 고마워요.

DIALOGUE 2

○ **Peace!**
평화를 위하여!

○ **Peace!**
평화를 위하여!

○ **Peace begins with us.**
평화는 우리로부터 시작돼요.

○ **I think you are right.**
당신 말이 맞아요.

평화를 위하여!	Peace!
평화는 우리로부터 시작돼요.	Peace begins with us.
우린 잘 지내자는 것인데!	We mean well!
우린 도와주러 온 거야.	We're here to help.
증오보다는 사랑을!	Let's choose love over hate!

평화를 위하여!	Peace!
도와줘서 고마워.	Thanks for the help.
당신 말이 맞아요.	I think you are right.
여기에 온 걸 환영해.	You're welcome here.
도움 고마워.	We appreciate the help.

We won't hurt you. 우린 당신을 다치게 하지 않을 겁니다.

We just passed a group of people / that were protesting a store in Chicago. When we walked by, / a couple people gave us the peace sign / to let us know / they meant well and wouldn't hurt anyone.

우린 시카고의 한 매장에서 시위하고 있는 어떤 무리을 지나치게 되었어. 우리가 지나갈 때 몇몇은 자신들이 누구도 공격하지 않는다는 의미로 V 사인을 해 주었어.

protest 항의하다 walk by 지나가다

069

Index finger and thumb touching: O sign

엄지와 검지로 O 사인하는 동작

엄지와 검지 끝을 맞대어 O자 모양을 만드는 제스처를 말합니다. 이 제스처는 우리나라에서는 주로 돈을 가리키지만, 원어민들에게는 Okay를 의미합니다.

네이티브는 이 동작과 함께 이런 말을 할 거예요!

그럼 우린 어떻게 반응할까요?

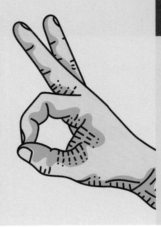

DIALOGUE 1

o **It's perfect!**
완벽해!

o **Awesome! I love it.**
최고네! 너무 좋아.

o **The colors really bring it to life!**
그 색깔들 때문에 생동감이 넘쳐!

o **I'm glad you agree.**
네가 같은 생각이라니 기뻐.

DIALOGUE 2

o **I'm okay.**
난 괜찮아.

o **I'm happy you're alright.**
네가 괜찮다니 나도 기뻐.

o **All good, thanks!**
다 괜찮아. 고마워!

o **Are you sure?**
진짜지?

완벽해!	It's perfect!
잘됐네!	It went well!
난 괜찮아.	I'm okay.
난 좋아!	I'm good with it!
좋은데!	Sounds good!

좋아! / 멋져! / 최고네!	Great! / Cool! / Awesome!
네가 괜찮다니 다행이야.	I'm glad you're okay.
네가 동의한다니 기뻐.	I'm glad you agree.
너도 한다니 좋네!	I'm glad you're in!
네가 괜찮다니 기뻐.	I'm happy you're alright.

★ It went well.
'일이 잘되었다'라는 뜻으로, 정말 간단하면서 많이 쓰는 짧은 표현입니다. 같은 의미의 표현으로 Things went well.도 있습니다. 일의 진행 상황에 대해 대화할 때 참 많이 쓰는 표현이기도 합니다.

Are you sure? 진짜지?

After we lost the game, / my teammate looked really upset. I asked if she was alright, / and she gave me the okay signal. I think she was bummed / that we lost, / but I'm glad she's okay.

우리가 경기에서 진 후 내 동료는 정말 실망한 듯 보였어. 내가 괜찮냐고 물었더니 괜찮다는 제스처를 해 주었어. 우리가 져서 속상한 것 같지만 그녀가 괜찮다니 다행이야.

signal 신호   bummed 상심한

070

Index and middle fingers crossed: X sign

검지와 중지를 교차하는 동작

검지와 중지를 교차하는 제스처를 X sign이라고 하는데, 행운을 빈다는 의미입니다. 이 제스처는 한 손으로 해도 되고 양손으로 해도 됩니다. Good Luck!이라고 말하면서 이 제스처를 해 줄 수도 있고, Keep your fingers crossed for me.(나를 위해 행운을 빌어 주렴)라고 부탁할 수도 있습니다.

네이티브는
이 동작과 함께
이런 말을
할 거예요!

그럼 우린
어떻게
반응할까요?

DIALOGUE 1

○ Make a wish!
소원을 빌어 봐!

○ I'm hoping for a miracle.
난 기적을 원해.

○ My fingers are crossed.
행운을 빈다.

○ Thanks! I'll need it!
고마워! 난 행운이 필요해.

DIALOGUE 2

○ Keep your fingers crossed.
행운을 빌어 주라.

○ I've got them crossed!
자! 행운을 빌었어!

○ I need all the luck I can get.
행운이란 행운은 다 필요해.

○ You got this!
넌 해낼 거야!

행운이 있기를!	Good luck!
행운을 빈다!	My fingers are crossed!
행운을 빌게.	I'll keep them crossed.
행운을 빌었어!	I've got them crossed!
너의 행운을 빌어.	I'm crossing them for you.

고마워! 난 행운이 필요해.	Thanks! I'll need it!
행운을 빌어 주라!	Cross your fingers!
행운을 빌어 줘.	Keep your fingers crossed.
난 기적을 원해.	I'm hoping for a miracle.
내가 가질 수 있는 모든 행운이 필요해.	I need all the luck I can get.

I'll cross my fingers. 행운을 빌게.

My brother applied for a new job in Arizona. He really hopes he gets it. I told him / I'd keep my fingers crossed for him.

오빠가 애리조나주에 있는 직장에 지원했어요. 오빠는 정말이지 그 직장을 잡고 싶어 해요. 나는 오빠에게 행운을 빈다고 말해 주었어요.

apply for ~에 지원하다 keep one's fingers crossed for ~의 행운을 빌다

071

Extending the thumb and pinky: Shaka sign

샤카 손짓을 하는 모습

엄지와 새끼손가락을 펴고 가운데 세 손가락은 접은 채로 흔드는 샤카(Shaka) 손짓은 하와이에서 유래했습니다. 편안함과 긍정적인 느낌을 전달할 때, '좋아!', '괜찮아!', '고마워!' 등을 뜻하죠. 예를 들어, 친구가 좋은 소식을 전하면 '멋지다!'라는 의미로 이 제스처를 해요. 서핑 문화에서도 이 제스처를 자주 볼 수 있습니다.

네이티브는 이 동작과 함께 이런 말을 할 거예요!

그럼 우린 어떻게 반응할까요?

DIALOGUE 1

○ We finished our project!
우리 프로젝트 끝냈어!

○ Awesome, dude!
완전 최고야!

○ Yeah, we did great!
응, 우리 진짜 잘했다!

○ Let's celebrate!
축하하자!

DIALOGUE 2

○ The waves are perfect today!
오늘 파도가 완벽하네!

○ That's great!
진짜 좋네!

○ Let's go surfing!
서핑하러 가자!

○ I'm in!
완전 콜!

잘했어!	Good job!
완전 최고!	Awesome, dude!
다 잘될 거야!	Everything's going to be fine!
걱정 마!	No worries!
좀 느긋하게 가자!	Take it easy!

고마워!	Thanks, man!
진짜 좋네!	That's great!
완전 동의!	Totally agree!
맞아, 최고야!	Yeah, it's awesome!
나도 그렇게 생각해!	I think so too!

★ I'm in!
어떤 제안이나 계획에 기꺼이 참여할 때 '나도!', '완전 콜!'이라는 의미입니다.
친구가 영화 보러 가자고 할 때, 마침 가고 싶다면 I'm in!을 써서 짧게 대답할
수 있습니다.

Nothing beats this. 이만한 게 없지.

Jason and his friends were at the beach, / watching the sunset. The waves were calm, / the breeze was warm, / and everything felt perfect. Jason smiled / and made a Shaka sign. "This is the life!" His friend nodded. "Yeah, nothing beats this." They sat back, relaxed, / and enjoyed the moment.

Jason과 친구들은 해변에서 노을을 바라보고 있었어. 파도는 잔잔했고, 바람은 따뜻했어. 모든 것이 완벽했어. Jason은 미소를 지으며 샤카 신호를 보냈어. "이게 인생이지!" 친구가 끄덕였어. "맞아, 이만한 게 없지." 그들은 몸을 기대어 편히 쉬며 그 순간을 즐겼어.

breeze 산들바람   sit back 편안히 앉다

072

Quickly rubbing palms together

손바닥을 빠르게 문지르는 모습

손바닥을 맞대고 빠르게 문지르는 동작은 '아, 뭔가 좋은 일이 생길 것 같아!'라는 들뜬 신호일 수 있어요. 이때 보통 입꼬리도 슬며시 올라가죠. 또는 손이 차가워서 손을 따뜻하게 하려는 것일 수도 있습니다. 표정을 보고 판단해 보세요.

네이티브는
이 동작과 함께
이런 말을
할 거예요!

그럼 우린
어떻게
반응할까요?

DIALOGUE 1

○ **Something good is going to happen!**
뭔가 좋은 일이 생길 것 같아!

○ **Are you sure?**
진짜?

○ **I have a good feeling!**
느낌이 좋아!

○ **I hope you're right!**
네 느낌이 맞았으면 좋겠다!

DIALOGUE 2

○ **I'm going to win!**
내가 이긴다니까!

○ **You could be wrong.**
네가 틀릴 수도 있어.

○ **I know I'll win!**
난 내가 이길 걸 알아!

○ **Don't get too excited.**
너무 오버하지 마.

느낌이 좋아!	I feel great!
난 내가 이길 걸 알아!	I know I'll win!
잘될 거야!	This is going to be good!
느낌이 좋아!	I have a good feeling!
뭔가 좋은 일이 생길 것 같아!	Something good is going to happen!

신나 보여!	You look excited!
네 느낌이 맞았으면 좋겠다!	I hope you're right!
네가 틀릴 수도 있어.	You could be wrong.
너무 오버하지 마.	Don't get too excited.
너무 확신은 하지 마.	Don't be too sure.

I feel great! 느낌이 좋아!

My friend was playing poker last night. She had a good hand / and was rubbing her palms together / like she knew she was going to win. I thought she was too sure of herself. She bet all of her money / and she ended up winning. I was so nervous for her, / but I'm glad she won.

어젯밤에 친구가 포커를 하고 있었어요. 그녀는 좋은 패를 들고는 마치 자신이 이길 걸 확신하는 것처럼 손바닥을 문지르고 있더라고요. 저는 그녀가 너무 자신만만하다고 생각했어요. 친구는 가진 돈을 다 걸었고 결국 이겼어요. 저는 그녀 때문에 정말 긴장했지만, 그녀가 이겨서 기뻐요.

have a good hand 패가 좋다   be sure of oneself 자신하다   bet 돈을 걸다

073

Slowly rubbing palms together

손바닥을 천천히 문지르는 모습

손바닥을 모아 천천히 문지르는 동작은 '오호, 누군가 곧 큰일 나겠군!'이라는 심상치 않은 신호일 수 있어요. 이 동작은 누군가 다치거나 불운이 닥치기를 바란다는 의미로, 은근히 남의 불행을 기대하는 묘한 제스처이죠. 이럴 땐 저 사람이 무슨 꿍꿍이를 꾸미는지 잘 살펴봐야 해요.

네이티브는
이 동작과 함께
이런 말을
할 거예요!

그럼 우린
어떻게
반응할까요?

DIALOGUE 1

○ Watch this!
이것 좀 봐!

○ What's going on?
무슨 일이야?

○ He's going to fail the test.
걔 시험에 떨어질 거야.

○ That's not good.
그건 좋지 않은데.

DIALOGUE 2

○ Something bad is about to happen.
뭔가 안 좋은 일이 생길 것 같아.

○ What do you mean?
그게 무슨 말이야?

○ I have a feeling.
느낌이 와.

○ I'm nervous for you.
너 때문에 긴장되잖아.

이것 좀 봐!	Watch this!
뭔가 안 좋은 일이 생길 것 같아.	Something bad is about to happen.
걔들 잘 지켜봐!	Keep an eye on them!
내가 걔들 꼭 이길 거야!	I'm going to beat them!
걔가 질 거란 걸 난 알아.	I know he'll lose.
이건 도대체 뭐지?	What's this about?
무슨 말이야?	What do you mean?
무슨 일이 벌어질까?	What's going to happen?
너 땜에 긴장돼.	I'm nervous for you.
네가 바보 같은 짓을 하지 않았기를 바라.	I hope you didn't do something stupid.

What did you do? 너 무슨 짓을 한 거야?

During the game, my friend leaned over / and told me to watch the game closely / while rubbing his palms together slowly. I didn't know what he meant, / but I was worried he did something stupid. It ended up being a new play / that he taught the team. They got a touchdown / and we ended up winning.

경기 도중 친구가 제게 다가와 손바닥을 천천히 문지르면서 경기를 잘 보라고 하는 거예요. 무슨 뜻인지 몰랐지만, 친구가 뭔가 바보 같은 짓을 한 게 아닌가 걱정됐죠. 알고 보니 친구가 팀에 새로 가르쳐 준 작전이었더라고요. 덕분에 터치다운을 해서 결국 우리가 이겼어요.

lean over 상체를 구부리다   stupid 어리석은

074

Outstretched hand with palm facing up

손바닥을 보이며 안내하는 모습

팔을 쭉 뻗고 손바닥을 위로 향하게 열어두면 어느 방향으로 가야 하는지 길을 안내하며 친절하게 먼저 가라는 신호를 보내는 거죠. 다른 사람을 위해 문을 열어 줄 때 많이 하는 행동인데, 이 순간만큼은 당신의 가이드가 되는 거예요.

네이티브는 이 동작과 함께 이런 말을 할 거예요!

그럼 우린 어떻게 반응할까요?

DIALOGUE 1

○ **You can go!**
가셔도 됩니다!

○ **Are you sure?**
정말요?

○ **Go ahead.**
먼저 가세요.

○ **Thank you!**
감사합니다!

DIALOGUE 2

○ **Turn here.**
여기서 도세요.

○ **Thanks for pointing me in the right direction.**
맞는 방향을 알려 줘서 감사합니다.

○ **No problem!**
별말씀을요!

○ **You're so helpful.**
너무 도움이 됩니다.

이쪽으로요!	This way!
그대 먼저!	You go!
가셔도 됩니다!	You can go!
이 문으로요.	Through this door.
먼저 가시죠.	Why don't you go first?

정말 감사드립니다.	Thank you so much.
너무 도움이 됩니다.	You're so helpful.
멋진 분이세요!	What a nice person!
당신이 최고예요!	You're the best!
제가 앞장서겠습니다.	I'll lead the way.

★ You go!

You go!는 친구 사이나 친한 동료 사이에서 아주 간단하게 쓸 수 있는 영어 표현입니다. 하지만 처음 보는 사람에게는 이렇게 말하면 비매너입니다. 친하지 않은 사람에게 먼저 가라고 할 때는 Why don't you go first? 등을 사용하세요.

That was nice of you. 친절하시네요.

I wasn't sure where to go / when I got to the restaurant. The host helped me find our group / by pointing me in the right direction / with his palm facing up. He was so helpful!

식당에 도착했을 때 어디로 가야 할지 잘 몰랐어요. 그때 주최자가 손바닥을 위로 한 채로 올바른 방향을 가리키며 제가 일행을 찾을 수 있도록 도와줬어요. 정말 친절했어요!

direction 방향 face up 위를 향하다

075

Clenched fists
주먹을 꽉 쥔 모습

주먹을 꽉 쥐는 것은 대개 그 사람이 매우 화가 나 있거나 속상하다는 것을 의미합니다. 분노를 억누르면서 주먹을 쥐어 긴장을 일부 해소하려는 거죠.

네이티브는 이 동작과 함께 이런 말을 할 거예요!

그럼 우린 어떻게 반응할까요?

DIALOGUE 1

I'm so mad!
너무 화나!

What's wrong?
무슨 일이야?

I can't stand him.
걔 참을 수가 없어.

What did he do?
걔가 뭐 했는데?

DIALOGUE 2

I'm furious.
너무 화나네.

Why?
왜?

I got fired.
나 해고됐어.

That's awful!
말도 안 돼!

너무 화가 나!	I'm so mad!
너무 화나네.	I'm furious.
진정할 수가 없어.	I can't calm down.
이럴 수가!	I can't believe this!
이건 말도 안 돼!	This is ridiculous!

왜? 무슨 일이야?	Why? What's wrong?
진정해.	Calm down.
진정해.	You need to chill out.
마음 편하게 가져.	Take it easy.
화내지 마.	Don't be mad.

Take a deep breath. 심호흡 좀 해.

I almost got into a fight at the bar last night. Some jerk kept pushing me. I wanted to punch him in the face. I had my hands fisted / and was ready to fight, / but my friends kept me from hitting him.

어젯밤에 술집에서 거의 싸울 뻔했어. 어떤 얼간이가 날 계속 밀어댔어. 얼굴에 주먹을 날리고 싶었어. 난 주먹을 쥐고 거의 싸울 뻔했지만, 친구들이 때리지 못하게 말렸어.

get into a fight 싸움을 시작하다 jerk 얼간이 punch [사람] in the face ~의 얼굴을 한 대 치다 fist 주먹을 쥐다 keep [사람] from –ing ~가 …하지 못하게 하다

076

Leaning forehead
against fist
주먹으로 이마를 괴고 있는 모습

주먹 쥔 손 위에 이마를 기대는 자세는 뭔
가에 집중하고 있을 때, 예를 들어 프로젝
트나 보고서를 작업 중일 때 많이 나오는
동작이죠. 이런 자세는 뭔가를 깊이 생각하
고 있거나, 어떤 문제를 해결하려고 애쓰고
있다는 의미로 볼 수 있어요.

네이티브는
이 동작과 함께
이런 말을
할 거예요!

그럼 우린
어떻게
반응할까요?

DIALOGUE 1

○ I'm reading through it.
죽 읽어 보는 중이야.

○ What is it?
그게 뭔데?

○ I'm finishing the report.
보고서를 마무리하고 있어.

○ Can I read it?
내가 읽어 봐도 돼?

DIALOGUE 2

○ What are you working on?
뭐 작업하고 있어?

○ I'm focusing on this.
이 일에 집중하고 있어.

○ What is it?
그게 뭔데?

○ I'm writing a paper on
climate change.
기후 변화에 대한 보고서를 쓰는
중이야.

나 집중해야 해.	I need to focus.
이것에 집중하고 있어.	I'm focusing on this.
죽 읽어 보는 중이야.	I'm reading through it.
보고서를 쓰고 있어.	I'm writing a paper.
마무리하는 중이야.	I'm finishing it up.
그게 뭐야?	What is it?
방해하지 않을게.	I'll let you be.
어떻게 진행되고 있어?	How is it coming along?
뭐 작업하고 있어?	What are you working on?
끝나면 알려 줘.	Let me know when you're done.

I'll leave you to it. 방해하지 않을게.

I saw Luke at the library. He was leaning his head on his fist / and looked really confused. I stopped to say hi / and he told me / he was proofreading his paper for literature class.

도서관에서 Luke를 봤어. 그는 주먹에 머리를 기댄 채 정말 혼란스러워 보였어. 내가 인사하러 가보니 그는 문학 수업을 위한 논문을 교정하고 있다더군.

proofread (글의) 교정을 보다   literature 문학

077

Leaning cheek on fist
주먹으로 뺨을 괴고 있는 모습

어떤 사람이 주먹을 쥐고 그 주먹에 뺨을 기대고 있다면, 머리가 약간 기울어져 있을 거예요. 이는 그 사람이 현재 피곤하거나 지루한 상태라는 뜻입니다. 앞에서 나왔던, 손바닥으로 턱을 괴고 있는 모습과 비슷한 제스처예요. 여기서는 지루해하는 표현들로 준비해 봤습니다.

네이티브는
이 동작과 함께
이런 말을
할 거예요!

그럼 우린
어떻게
반응할까요?

DIALOGUE 1

○ This isn't exciting.
하나도 재미없네.

○ You need to pay attention.
집중 좀 해.

○ I'm so bored.
지겨워 죽겠어.

○ You can leave.
너 가도 돼.

DIALOGUE 2

○ This is so dull.
너무 지루해.

○ I can't stand it either.
나도 견딜 수가 없네.

○ I'd like to leave.
나가고 싶어.

○ I'm ready to go.
나 갈 준비 됐어.

너무 지루해!	How boring!
너무 따분해!	This is so dull!
하나도 재미없네.	This isn't exciting.
너무 지루해.	I find it boring.
나가고 싶어! 나 갈래!	I'd like to leave. I'm out!

나도 동의해!	I agree!
난 동의하지 않아.	I disagree.
집중 좀 해.	You need to pay attention.
가도 돼.	You can leave.
갈 준비 됐어.	I'm ready to go.

★I'm out!
이 표현은 상황과 맥락에 따라서 두 가지 의미로 쓰입니다. 하나는 헤어질 때
I'm leaving.(나 간다)이라는 의미이고, 다른 하나는 I can't be in your life
anymore. I'm out.(더 이상 네 인생에 관여하고 싶지 않아. 난 빠질래)입니다.

I'm trying not to fall asleep. 안 졸려고 애쓰는 중이야.

I was really tired at work today. I kept holding my chin in my hand /
and could feel myself getting sleepy. I finally got some coffee / and it
woke me right up.

오늘 직장에서 정말 피곤했어요. 계속 손으로 턱을 괴고 있었고, 점점 졸음이 오는 게 느껴졌죠.
결국 커피를 한 잔 마셨더니 바로 정신이 들었어요.

wake up 정신이 들게 하다

078

Massaging the ears
귀를 만지작거리는 모습

손으로 귀를 문지르는 모습을 떠올려 보세요. 손가락으로 귀를 위아래로 문지르거나, 근처를 꾹꾹 누르죠. 귓구멍 앞부분을 동그랗게 마사지하기도 합니다. 이런 행동은 그 사람이 스트레스를 받고 있다는 신호예요. 귀를 문지르면 스트레스가 조금은 풀릴 수 있답니다.

네이티브는 이 동작과 함께 이런 말을 할 거예요!

그럼 우린 어떻게 반응할까요?

DIALOGUE 1

I have to work late.
나 야근해야 해.

What's wrong?
무슨 일이야?

I'm behind.
일이 많이 밀렸어.

Why don't I help?
내가 도와줄까?

DIALOGUE 2

I feel overwhelmed.
일이 너무 많아서 벅차네.

Why do you feel that way?
왜 그렇게 느끼지?

I'm going to miss the deadline.
마감 시간을 못 맞출 것 같아.

Just take it one step at a time.
그냥 하나씩 차근차근해 봐.

나 일이 밀렸어.	I'm behind.
야근해야 해.	I have to work late.
따라잡아야 해.	I need to catch up.
나 이거 끝내야 해!	I need to get this done!
나 마감 못 맞출 거야.	I'm going to miss the deadline.

당황하지 마.	Don't panic.
한숨 돌려.	Take a breather.
내가 도와줄까?	Why don't I help?
너 끝낼 거야.	You'll get it done.
너 잘하고 있어!	You're doing great!

★ I'm behind.
아주 간단하지만 강력한 표현으로, '뒤처져 있다'란 의미입니다. 뒤처진 정도가
심할 때는 far를 붙여 I'm far behind.라고 말할 수 있습니다.

Take a breather. 한숨 돌려.

Larry seemed really stressed out at work today. He was rushing around and sweating. I even saw him / rubbing his ears. When I asked him / what was wrong, / he told me / he was running behind on a project.

Larry는 오늘 직장에서 스트레스를 많이 받은 것처럼 보였어요. 그는 이리저리 뛰어다니며 땀을 흘리고 있었어요. 심지어 귀를 문지르는 것도 봤어요. 제가 무슨 일이냐고 물었더니 프로젝트가 지연되고 있다고 했어요.

rush around 뛰어다니다　run behind 뒤처지다

079

Plugging the ears with fingertips

손가락으로 귀를 막는 모습

손가락 끝을 귀에 쏙 넣어 귀를 막으면 소리가 귀로 들어오는 걸 막을 수 있어요. 소리가 너무 커서 귀가 아프거나 상대방이 듣기 싫은 말을 할 때 주로 하는 행동이죠.

네이티브는
이 동작과 함께
이런 말을
할 거예요!

그럼 우린
어떻게
반응할까요?

DIALOGUE 1

○ Turn the music down!
음악 소리 좀 줄여!

○ Is that better?
(소리를 줄이며) 이제 좀 낫니?

○ It's still too loud!
여전히 너무 커!

○ I'll turn it off.
끌게.

DIALOGUE 2

○ I should have brought ear plugs!
귀마개를 가져왔어야 했는데!

○ I have ear plugs. You can borrow mine.
나 귀마개 있어. 내 거 빌려줄게.

○ My ears hurt!
귀가 아파!

○ Put these in! It'll help!
이거 껴! 도움이 될 거야!

소리가 너무 커!	It's too loud!
귀가 아파!	My ears hurt!
음악 소리 좀 줄여!	Turn the music down!
난 이거 듣기 싫어.	I don't want to hear this.
귀마개를 가져왔어야 했는데!	I should have brought ear plugs!

끌게.	I'll turn it off.
좀 더 조용히 할게.	I'll make it quieter.
내가 줄일게.	Let me turn it down.
소리를 줄일게.	I'll turn it down.
네가 들어 봐야 해.	You have to listen.

I have to cover my ears! 귀를 막아야 해!

The music at the concert / was so loud! It hurt my ears so bad / that I needed to plug them. I wish / I had taken ear plugs.

콘서트에서 음악이 너무 시끄러웠어요! 귀가 너무 아파서 귀를 막아야 했어요. 귀마개를 가져갈 걸 그랬어요.

hurt 다치게 하다   plug 막다   ear plug 귀마개

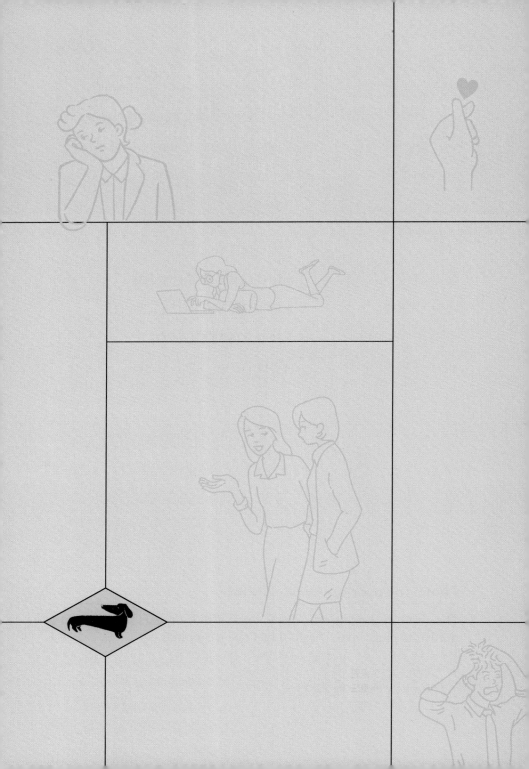

PART 4 고갯짓

What did you say?
뭐라고 했어?

I'll go over it again.
다시 잘 말할게.

MP3 음원
바로 듣기 및 다운로드

080

Turning ear towards someone who is speaking

말하는 사람을 향해 귀를 내미는 모습

고개를 휙 돌려 귀를 내미는 것은 상대방의 말이 잘 안 들려서 무슨 말을 하는지 못 알아듣고 있다는 신호예요. 즉, '뭐라고요? 다시 한번 말씀해 주세요!'라는 의미인 거죠.

네이티브는 이 동작과 함께 이런 말을 할 거예요!

그럼 우린 어떻게 반응할까요?

DIALOGUE 1

○ **Can you speak up?**
좀 더 크게 말할 수 있어?

○ **I'll repeat myself.**
다시 말할게.

○ **I'm hard of hearing.**
내가 듣는 데 문제가 있어서.

○ **I can talk louder.**
더 크게 말할게.

DIALOGUE 2

○ **What did you say?**
뭐라고 했어?

○ **I'll go over it again.**
다시 잘 말할게.

○ **I didn't hear you.**
못 들었어.

○ **I can speak up.**
좀 더 크게 말할게.

뭐라고 했어?	What did you say?
알아듣지 못했어.	I didn't hear you.
좀 크게 말할래?	Can you speak up?
다시 얘기해 줄래?	Can you repeat that?
나한테 말한 거야?	Were you talking to me?

더 크게 말할게.	I can talk louder.
좀 더 크게 말할게.	I can speak up.
다시 말할게.	I'll repeat myself.
다시 잘 말할게.	I'll go over it again.
다른 사람에게 말한 거야.	I was talking to someone else.

Can you repeat it? 다시 한번 말씀해 주시겠어요?

When Sara asked me a question, / I couldn't understand her / because she was talking too quiet. I turned my ear towards her / and asked her to repeat it.

Sara가 질문했을 때 너무 작게 말해서 알아들을 수가 없었어요. 저는 귀를 그녀 쪽으로 돌리고 다시 말해 달라고 했어요.

repeat 반복하다

081

Rubbing the back of the neck

목뒤를 주무르는 모습

대화 중에 상대방이 갑자기 목뒤를 마사지하듯이 문지른다면 무슨 의미일까요? 이 제스처는 상대방이 긴장하고 있고, 일이 잘 풀리지 않아 걱정하고 있다는 것을 나타냅니다. 이럴 때는 도움의 손길을 주세요.

네이티브는 이 동작과 함께 이런 말을 할 거예요!

그럼 우린 어떻게 반응할까요?

DIALOGUE 1

○ I don't get it.
잘 모르겠어.

○ Let me look at it.
내가 한번 볼게.

○ Here you go.
여기 있어.

○ Hmm... let me explain it to you.
음… 내가 설명해 줄게.

DIALOGUE 2

○ I'm confused.
헷갈려.

○ I'll help you. What can I do to help?
내가 도와줄게. 어떻게 도와줄까?

○ I don't know.
잘 모르겠어.

○ Let me take a look.
내가 한번 볼게.

잘 모르겠어.	I don't get it.
정말 헷갈려.	I'm confused.
나 지금 헤매고 있어.	I'm struggling.
이해가 안 돼.	I can't understand.
내가 망쳐 버렸어.	I screwed up.

내가 도와줄게.	I'll help you.
내가 설명해 줄게.	Let me explain it.
내가 한번 볼게.	Let me look at it.
어떻게 도와줄까?	What can I do to help?
내가 해결할 수 있어.	I can figure it out.

★I screwed up.
screw up은 뭔가를 '망치다'라는 의미입니다. mess up과 같은 뜻입니다.

I can help. 내가 도와줄 수 있어.

I knew something was wrong / when I saw him / rubbing the back of his neck. He looked tired and confused. He couldn't figure out the new computer program, / so I helped him with it.

그 사람이 목뒤를 문지르는 것을 보고, 나는 뭔가 문제가 있다는 걸 알았어. 그는 피곤하고 혼란스러워 보였지. 그가 새로운 컴퓨터 프로그램을 이해하지 못하길래 내가 도와주었어.

rub 문지르다　figure out 이해하다

183

082

Cupping neck with two hands
양손으로 목을 감싸는 모습

이 제스처는 숨이 막힐 때 하는 행동으로 세계 공통입니다. 갑자기 숨을 쉴 수 없는 긴급 상황이 발생할 때 이런 동작이 나옵니다. 이런 모습을 길거리나 공공장소에서 본다면 바로 옆에 나오는 표현들로 도움을 요청해야 합니다.

네이티브는 이 동작과 함께 이런 말을 할 거예요!

그럼 우린 어떻게 반응할까요?

Dialogue 1

○ **Call an ambulance!**
구급차를 불러 주세요!

○ **I called!**
불렀습니다!

○ **She can't breathe!**
여자분이 숨을 못 쉽니다!

○ **The ambulance is coming.**
구급차가 지금 오고 있어요.

Dialogue 2

○ **I need help!**
도와주세요!

○ **What's wrong?**
왜 그러시죠?

○ **They aren't breathing!**
저분들이 숨을 쉬지 않아요!

○ **I know CPR.**
제가 심폐소생술을 할 줄 압니다.

도움을 요청해 주세요!	Call for help!
구급차를 불러 주세요!	Call an ambulance!
서둘러 주세요!	Hurry up!
남자분이 질식 상태예요!	He's choking!
여자분이 숨을 못 쉽니다!	She can't breathe!

제가 불렀어요!	I called!
제가 심폐소생술을 할게요.	I'll do CPR.
제가 도움을 요청할게요.	I'll call for help.
구급차가 오고 있어요.	The ambulance is coming.
제가 도울 수 있어요. 제가 한번 볼게요.	I can help. Let me have a look.

She'll be okay. 그녀는 괜찮을 거야.

We were eating dinner at a restaurant last night. A lady at the table next to us / coughed / and started grabbing her neck with her hands. She was choking on her dinner. I called an ambulance / and my husband kept hitting her on the back / to try to help. She eventually coughed up what she was choking on / and she's going to be okay. It was so scary!

어젯밤에 우린 식당에서 저녁을 먹고 있었어. 우리 옆 테이블의 여자분이 기침하면서 두 손으로 자기 목을 잡기 시작했어. 저녁을 먹다가 음식이 목에 걸린 거야. 난 구급차를 부르고 우리 남편은 그녀의 등을 두드리며 도와주려고 노력했어. 결국 그녀는 목에 걸렸던 것을 기침으로 뱉어 냈고 괜찮아졌어. 정말 무서웠어!

cough 기침하다 grab 붙잡다 choke 숨이 막히다 eventually 결국 cough up 토하다, 뱉어 내다

083

Moving index finger
horizontally across neck
손으로 목을 긋는 시늉

우리나라에서는 손으로 목을 긋는 제스처가 You're dead!(넌 죽었어!) 이 한 가지 의미로만 쓰이죠? 하지만 원어민들은 이 제스처를 Shut up!(닥쳐!), Don't say anything.(아무 말도 하지 마), You're in trouble.(너 큰일 났어) 등의 의미로도 합니다.

네이티브는
이 동작과 함께
이런 말을
할 거예요!

그럼 우린
어떻게
반응할까요?

DIALOGUE 1

Be quiet!
조용히 해!

I'm not talking.
나 얘기 안 한다니까.

Don't say another word.
한마디도 하지 마.

I'll keep my mouth shut.
입 다물고 있을게.

DIALOGUE 2

You're in trouble.
너 큰일 났다.

I didn't talk to anyone.
나 아무한테도 말 안 했는데.

You better not!
그러는 게 좋을 거야!

I'm staying quiet.
조용히 있을게.

넌 죽었어!	You're dead!
너 큰일 났다.	You're in trouble.
조용히 해! / 말하지 마!	Be quiet! / Don't talk!
아무 말도 하지 마.	Don't say anything.
한마디도 하지 마.	Don't say another word.

말 안 할 거야.	I'm not talking.
비밀 지킬게.	My lips are sealed.
입 다물고 있을게.	I'll keep my mouth shut.
아무 말도 안 할게.	I won't say anything.
아무한테도 말 안 했어.	I didn't talk to anyone.

★ My lips are sealed.
편지봉투를 풀로 붙여서 안 떨어지게 하듯이 내 입술을 밀봉해(seal) 놓은 상태
라는 의미니까, '비밀을 지킬게'라는 말입니다.

I'll keep it a secret. 비밀로 할게.

Jessica told me she's pregnant, / but it's still pretty early / and she wants to keep it a secret. We ran into a bunch of our friends / and I almost told them. She looked at me / and slide her finger across her neck / to remind me to be quiet.

Jessica가 저한테 임신했다고 말했는데, 아직 임신 초기여서 비밀로 하고 싶대요. 우린 친구들 몇 명을 우연히 만났는데 전 친구들에게 이 사실을 거의 말할 뻔했어요. Jessica가 저를 보더니 손가락으로 목을 그으며 조용히 하라고 하더군요.

keep [목적어] a secret ~를 비밀로 하다   a bunch of 다수의   slide 미끄러지듯이 움직이다   remind 상기시키다

084

Scratching side of neck
with one finger
손가락으로 목 옆을 긁는 모습

대화 도중 상대방이 갑자기 검지로 자기 목을 가볍게 긁는다면 그 상대는 무슨 생각을 하는 것일까요? 어떤 상황에 대해서 확신이 없거나 확실하지 않다고 생각하는 것으로 보면 됩니다.

네이티브는
이 동작과 함께
이런 말을
할 거예요!

그럼 우린
어떻게
반응할까요?

DIALOGUE 1

○ I can't do it.
난 할 수 없어.

○ Why not?
왜?

○ I have no idea.
잘 모르겠어.

○ We can figure it out.
우리 함께 해결해 보자.

DIALOGUE 2

○ What's wrong? Is there a problem?
왜 그래요? 문제가 있나요?

○ I'm unsure. Let me check.
잘 모르겠어요. 확인해 볼게요.

○ Get back to me.
저한테 알려 주세요.

○ I will.
그럴게요.

잘 모르겠어.	I'm unsure.
난 몰라.	I don't know.
나는 할 수 없어.	I'm not able to.
난 못 해. 잘 모르겠어.	I can't do it. I have no idea.
내가 어떻게 알아?	How should I know?

문제가 있어?	Is there a problem?
나한테 알려 줘.	Get back to me.
천천히 해요.	Take your time.
우리 함께 해결해 보자.	We can figure it out.
내가 해 볼게.	I'll get it. / Let me do it.

You should know this! 당신은 이걸 알아야죠!

I asked a coworker a question today. I knew she didn't know the answer / because she kept scratching her neck / and wouldn't look at me. She should have known the answer. I told her / she needs to figure it out / and let me know.

오늘 동료에게 한 가지 질문을 했어. 그녀가 자기 목을 긁으면서 나를 쳐다보지도 않았기 때문에 나는 그녀가 답을 모른다는 것을 알았어. 그녀는 당연히 답을 알고 있었어야 했는데 말이지. 나는 그녀에게 잘 파악해서 알려 달라고 했어.

scratch 긁다   figure out ~를 생각해 내다

085

Tilting neck to one side, and then the other
머리를 좌우로 기울이는 모습

같이 일하는 동료가 머리를 왼쪽으로 기울였다가 오른쪽으로 기울였다가 한다면, 일을 너무 장시간 해서 피곤하다는 신호로 보면 됩니다. 이럴 땐 좀 쉬었다 하라고 제안할 수 있겠죠?

네이티브는 이 동작과 함께 이런 말을 할 거예요!

그럼 우린 어떻게 반응할까요?

DIALOGUE 1

○ I need a break.
좀 쉬어야겠어.

○ Let's take a break.
좀 쉬었다 하자.

○ I'm exhausted!
완전 지쳤어!

○ I'll get you water.
물 좀 갖다줄게.

DIALOGUE 2

○ I think it's finished.
다 끝난 것 같아.

○ It looks good. You did great!
좋아 보이네. 정말 잘했어!

○ I'm worn out!
나 완전 기진맥진이야!

○ You deserve a break! Rest up.
너는 쉴 만하다! 푹 쉬어.

좀 쉬어야겠어.	I need a break.
완전 지쳤어!	I'm exhausted!
슬슬 피곤하네.	I'm getting tired.
난 완전 지쳤어!	I'm worn out!
머리가 아파.	My head hurts.

좀 쉬었다 하자.	Let's take a break.
물 가져다줄게.	I'll get you water.
거의 다 끝났어.	It's almost done.
곧 끝나겠네.	You'll be done soon.
거의 다 끝나가네.	You're almost there.

I need a drink! 뭐 좀 마셔야겠어!

I just spent fifteen hours at work / finishing a project. My neck is so stiff / that I need to loosen the muscles. Anyway, I'm happy to be done with that project!

프로젝트를 마감하느라 15시간을 일했어요. 목이 너무 뻣뻣해서 근육을 풀어 줘야겠어요. 그래도 프로젝트를 끝내서 정말 행복해요!

stiff 뻣뻣한 loosen 느슨하게 하다 be done with ~를 끝내다

086

Grasping the front of
the neck

목 앞쪽을 움켜쥐는 모습

원어민들은 긴장하거나 스트레스를 받으면 목 앞쪽을 손으로 잡거나 문지르는 제스처를 합니다. 대화나 회의 도중 원어민이 손으로 앞목을 잡거나 문지르는 행동을 하면 '스트레를 받고 있구나' 하고 도움을 주면 돼요.

네이티브는
이 동작과 함께
이런 말을
할 거예요!

그럼 우린
어떻게
반응할까요?

DIALOGUE 1

○ I'm stressed out.
너무 스트레스 받아.

○ Take a deep breath.
숨을 깊게 쉬어 봐.

○ I don't know what to do.
뭘 해야 할지 모르겠어.

○ How about we make a plan?
계획을 짜 보는 거 어때?

DIALOGUE 2

○ I'm at a loss.
어떻게 해야 할지 모르겠어.

○ Don't panic.
당황하지 마.

○ What should I do?
뭘 해야 하지?

○ We'll figure it out.
우리 함께 찾아보자.

너무 스트레스 받아.	I'm stressed out.
미치겠어.	I'm losing it.
어떻게 해야 할지 모르겠어.	I'm at a loss.
뭘 해야 하는지 알려 줘!	Tell me what to do!
뭘 해야 할지 모르겠어.	I don't know what to do.
당황하지 마.	Don't freak out.
괜찮아질 거야.	You'll be okay.
숨을 깊게 쉬어 봐.	Take a deep breath.
진정해.	You need to calm down.
계획을 짜 보는 거 어때?	How about we make a plan?

★I'm at a loss.

at a loss는 뭘 어떻게 해야 할지 모르는 상태입니다. I'm at a loss for words.는
'무슨 말을 해야 할지 모르겠다'란 의미입니다.

What should I do? 내가 뭘 해야 할까?

I have a habit of grabbing the front of my neck / when I'm worried about something. I just did it yesterday at work. I couldn't get my computer to work / and I started to freak out. A coworker ended up helping me.

저는 뭔가 걱정이 되면 목 앞쪽을 잡는 습관이 있어요. 어제 회사에서도 그랬어요. 컴퓨터가 작동하지 않아 당황하기 시작했죠. 결국 동료가 저를 도와줬어요.

freak out 당황하다

087

Single upward nod
고개를 위로 한 번 끄덕이는 모습

고개를 뒤로 살짝 젖혀 얼굴을 위로 향하게 하고, 이때 상대방과 눈을 마주쳐요. 이렇게 위로 한 번 끄덕이는 건 인사를 한다는 신호예요. 이 동작은 단독으로 하기도 하고, 악수나 말과 함께 하기도 하죠. 보통 길이나 복도에서 누군가를 만났을 때 빠르게 하는 동작이에요. "안녕?" 하고 말하는 느낌이랄까요?

네이티브는 이 동작과 함께 이런 말을 할 거예요!

그럼 우린 어떻게 반응할까요?

DIALOGUE 1

- **Hello!**
  안녕!

- **Hey there!**
  어이, 안녕!

- **Good to see you!**
  반가워!

- **It's been ages.**
  정말 오랜만이야.

DIALOGUE 2

- **Where have you been?**
  어디 갔었어?

- **I've been around.**
  근처에 잘 있었는데.

- **Looking good!**
  좋아 보이네!

- **Let's get together soon.**
  조만간 한번 모이자.

안녕! / 별일 없고?	Hey there! / What's new?
안녕! 반가워!	Hello! Good to see you!
어디 갔었어?	Where have you been?
정말 오랜만이다!	I haven't seen you in forever!
한잔해야지.	We should grab a drink.

그냥 그렇지 뭐.	Not much is new.
좋아 보이네!	Looking good!
근처에 잘 있었는데.	I've been around.
정말 오랜만이야.	It's been ages.
조만간 한번 모이자.	Let's get together soon.

★ (You're) Looking good.
원어민들은 할 말이 없을 때 늘 You're looking good.이라고 하니까, 이 말에 너무 감동하거나 믿지 마세요. 여러분도 할 말이 없을 땐 You're looking good! 하면 됩니다.

Let's catch up. 또 보자.

I ran into my coworker at the mall today. He gave me a nod / and we talked for a few minutes. He's been doing well!

오늘 쇼핑몰에서 동료를 우연히 만났어요. 그는 저에게 끄덕 인사를 했고, 우린 몇 분 동안 얘기를 나눴어요. 그는 잘 지내고 있었더라고요!

give [사람] a nod ~에게 고개를 끄덕이다

088

Nodding with tilted head
고개를 갸우뚱하는 모습

머리를 좌우로 번갈아 끄덕이면, 고개를 갸우
뚱거리는 모습이 되죠. 이 제스처는 보통 입술
을 꼭 다문 채 하죠. 선택하기 어려운 문제 앞
에서 뭘 고를지 잘 모를 때 나오는 제스처예요.
살짝 고민 중인 모습을 상상해 보세요.

네이티브는
이 동작과 함께
이런 말을
할 거예요!

그럼 우린
어떻게
반응할까요?

DIALOGUE 1

There're too many choices!
선택지가 너무 많아!

Just decide!
그냥 결정해!

I can't pick!
고를 수가 없어!

You're taking forever.
날 샌다, 날 새.

DIALOGUE 2

I can't make a decision!
결정을 못 하겠어!

They all look good.
다 좋아 보이네.

Which would you choose?
어떤 걸로 할 거야?

I'd choose that.
난 저걸로 하려고.

못 고르겠어!	I can't pick!
결정[선택]할 수가 없네.	I can't decide[choose].
선택지가 너무 많아!	There're too many choices!
네가 결정해!	You make the decision!
어떤 걸 선택할 거야?	Which would you choose?

그냥 하나 골라.	Just pick one.
그냥 결정해!	Just decide!
날 새겠다.	You're taking forever.
선택해.	Make a choice.
나라면 첫 번째 걸 골라.	I would choose the first one.

You could pick any of them. 그중에서 하나를 고르면 돼.

We went out for ice cream. I asked John what kind he was going to get / and he tilted his head. He couldn't decide, / so I talked him into getting a strawberry sundae.

우리는 아이스크림을 사 먹으러 갔어요. John에게 어떤 맛을 고를지 물어봤더니, 그는 고개를 기울였어요. 그가 결정을 못 하길래 제가 딸기 선데이를 사라고 설득했어요.

go out for ~하러 가다 tilt one's head 고개를 기울이다 talk [사람] into ~에게 …를 하도록 설득하다

089

Slow nod up and down
고개를 천천히 끄덕이는 모습

고개를 천천히 위아래로 끄덕이는 동작입니다. 이럴 때 사람들은 고개를 살짝 돌리거나 눈을 가늘게 뜨기도 하죠. 이 동작은 '음… 당신이 설명하는 게 좀 이상한데?' 혹은 '지금 뭐라고 하는지 잘 모르겠어'라는 의미예요. 즉, 머릿속이 살짝 혼란스러울 때 나오는 반응이죠.

네이티브는
이 동작과 함께
이런 말을
할 거예요!

그럼 우린
어떻게
반응할까요?

DIALOGUE 1

○ **I'm not following.**
이해가 안 돼.

○ **What don't you understand?**
어느 부분이 이해가 안 되는데?

○ **It doesn't make sense to me.**
내가 보기엔 도통 말이 안 되는데.

○ **I'll explain it again.**
내가 다시 설명할게.

DIALOGUE 2

○ **I don't understand what you're saying.**
무슨 얘기인지 이해가 안 돼.

○ **Let me go over it again.**
다시 설명해 줄게.

○ **This confuses me.**
헷갈려.

○ **I'll help you understand.**
이해가 되도록 도와줄게.

헷갈리네.	This confuses me.
이해가 안 돼.	I'm not following.
다시 한번 얘기해 줄래?	Can you repeat that?
무슨 말을 하려는 거야?	What are you trying to say?
네 말이 이해가 안 돼.	I don't understand what you're saying.

다시 설명할게.	I'll explain it again.
이해가 되도록 도와줄게.	I'll help you understand.
다시 설명해 줄게.	Let me go over it again.
다시 얘기해 보자.	Let's talk about it again.
어디가 이해가 안 돼?	What don't you understand?

I'll help you understand. 이해가 되도록 도와줄게.

After I explained the graph in the meeting, / my coworker seemed confused. She was nodding slowly and squinting at the graph. I asked if she had any questions, / and she asked if I could explain it again. I explained it a second time / and she understood it afterward.

회의에서 제가 그래프를 설명하자 동료는 혼란스러워 보였어요. 그녀는 천천히 고개를 끄덕이면서 눈을 가늘게 뜨고 그래프를 쳐다보고 있었죠. 제가 질문이 있는지 물어보니, 다시 설명해 달라고 하더라고요. 재차 설명하니 그제야 이해를 하더군요.

squint at ~를 실눈을 뜨고 보다   a second time 재차, 다시   afterward 그 후에

090

Shaking head side to side
followed by fast nod

고개를 가로젓다 빠르게 끄덕이는 모습

누군가가 고개를 천천히 좌우로 흔들면서 눈을 위나 아래로 피하는 모습이 보이면, 이건 '어, 기억이 안 나는데…'라는 뜻이죠. 그런데 그러다가 갑자기 고개를 빠르게 위아래로 끄덕이기 시작한다면, '아, 이제 생각났다!'라는 의미랍니다.

네이티브는
이 동작과 함께
이런 말을
할 거예요!

그럼 우린
어떻게
반응할까요?

DIALOGUE 1

○ I remember now!
이제 기억나.

○ It's about time!
드디어!

○ It just came back to me.
방금 떠올랐어.

○ I'm happy you remembered.
기억이 났다니 기쁘네.

DIALOGUE 2

○ Yes, I remember!
응, 기억나!

○ I'm glad.
좋네.

○ Thanks for reminding me.
알려 줘서 고마워.

○ No problem!
천만에!

나 이제 기억나!	I remember now!
이제 알겠어!	I can see it now!
방금 떠올랐어.	It just came back to me.
덕분에 기억이 낳어!	You helped me remember!
알려 줘서 고마워.	Thanks for reminding me.

드디어!	It's about time!
도와줄 수 있어서 기뻐.	I'm glad I could help.
네가 기억한다니 좋네.	I'm glad you remember.
기억이 낳다니 기뻐.	I'm happy you remembered.
별거 아니었어. 언제든지!	It was no problem. Anytime!

★ It's about time.

'드디어!'란 뜻으로, 오랫동안 기다려 왔던 일이 드디어 일어나서 기쁘다는 의미로 쓰이는 표현입니다.

I'm glad you remember. 네가 기억한다니 좋네.

I was telling my roommate about Luke, / and she said she didn't remember him. I was trying to describe him to her. She was shaking slowly / like she didn't remember, / and then nodded yes right away when she did remember him.

룸메이트에게 Luke에 대해 말하고 있었는데, 그녀는 Luke를 기억하지 못한다고 했어요. 저는 그녀에게 Luke의 모습을 설명하려고 했죠. 그녀는 기억나지 않는 듯 천천히 고개를 흔들다가, 기억이 나자 바로 알겠다고 고개를 끄덕였어요.

describe 묘사하다 right away 곧바로

091

Tilting head to side
머리를 한쪽으로 기울인 모습

머리를 오른쪽이나 왼쪽으로 기울이고 그대로 멈춰 있는 동작입니다. 이때 보통 눈도 살짝 찡그리게 되죠. 이 제스처는 상대방이 혼란스럽거나 뭔가를 이해하려고 애쓰고 있음을 의미합니다. 한마디로 '어라? 이게 뭐지?' 하는 상황인 거죠.

네이티브는
이 동작과 함께
이런 말을
할 거예요!

그럼 우린
어떻게
반응할까요?

DIALOGUE 1

o **I'm trying to figure it out.**
알아내려고 노력 중이야.

o **What are you thinking about?**
무슨 생각 하는데?

o **The report.**
그 보고서.

o **I can help you.**
내가 도와줄 수 있는데.

DIALOGUE 2

o **I didn't catch that.**
못 알아들었어.

o **I'll show you again.**
다시 보여 줄게.

o **Thank you.**
고마워.

o **No worries.**
별말씀을.

알아내려고 하는 중이야.	I'm trying to figure it out.
나 지금 고민 중이야.	I'm contemplating.
못 알아들었어.	I didn't catch that.
난 이해가 안 되는데.	It doesn't make sense to me.
다시 설명해 줄래?	Can you explain again?

무슨 생각 하고 있어?	What are you thinking about?
다시 보여 줄게.	I'll show you again.
다시 말해 줄게.	I can repeat it.
뭐가 이해가 안 돼?	What doesn't make sense?
다시 말해 줄까?	Do you need me to repeat it?

Do you need me to repeat it? 다시 설명할까요?

I was teaching a math class / and noticed / some students were tilting their head side to side. I asked if they were struggling, / and they were. I repeated what I was teaching / and they caught it the second time.

수학 수업을 하던 중 몇몇 학생들이 고개를 좌우로 갸우뚱거리는 걸 봤어요. 제가 어려운지 묻자 그렇다고 하더군요. 제가 가르치던 내용을 다시 설명하자, 두 번째에는 이해하더라고요.

tilt one's head 고개를 갸우뚱하다   catch 이해하다, 알아듣다

092

Rotating head in circle
머리를 빙글빙글 돌리는 모습

머리 전체를 원을 그리며 빙글빙글 돌리는
건 목이 뻣뻣하다는 신호입니다. 이 회전 운
동은 굳은 근육을 풀어 주는 데 도움이 되죠.
종종 머리를 좌우로 기울이는 동작을 함께
하기도 합니다. 몸이 피곤하거나 스트레스가
쌓였다는 신호입니다. 한마디로, 몸이 "나 좀
쉬게 해 줘!" 하고 말하는 거죠.

네이티브는
이 동작과 함께
이런 말을
할 거예요!

그럼 우린
어떻게
반응할까요?

DIALOGUE 1

I have a headache.
나 머리가 아파.

Do you need something?
뭐 필요해?

I need a painkiller.
진통제를 먹어야겠어.

That should help.
그러면 좀 괜찮아질 듯.

DIALOGUE 2

I need to move around.
좀 움직여야겠어.

Are you okay?
괜찮아?

My back is stiff.
등이 뻣뻣해.

Let me rub it.
내가 문질러 줄게.

목이 아파.	My neck hurts.
머리가 아파.	I have a headache.
등이 뻣뻣해.	My back is stiff.
진통제를 먹어야겠어.	I need a painkiller.
좀 움직여야겠어.	I need to move around.

스트레칭 좀 해.	Stretch it out.
내가 문질러 줄게.	Let me rub it.
넌 좀 쉬어야겠어.	Maybe you need a break.
뭐 필요해?	Do you need something?
뭐 좀 갖다줄게.	Let me get you something.

Relax for a bit! 잠시 긴장 풀어!

We stayed up late / working on the project last night. I could tell / Sara was getting tired / when she started rotating her head / to stretch her neck and back. She said / she was really sore and tired / from working so late.

우린 프로젝트 작업 때문에 어제 밤늦게까지 일했어요. Sara가 목과 등을 스트레칭하려고 머리를 돌리기 시작하는 걸 보니 슬슬 지치는 듯 보였어요. 그녀는 늦게까지 일하느라 정말 몸이 쑤시고 피곤하다고 하더군요.

stay up 늦게까지 안 자다   rotate 회전시키다   stretch 쭉 뻗다   sore 아픈

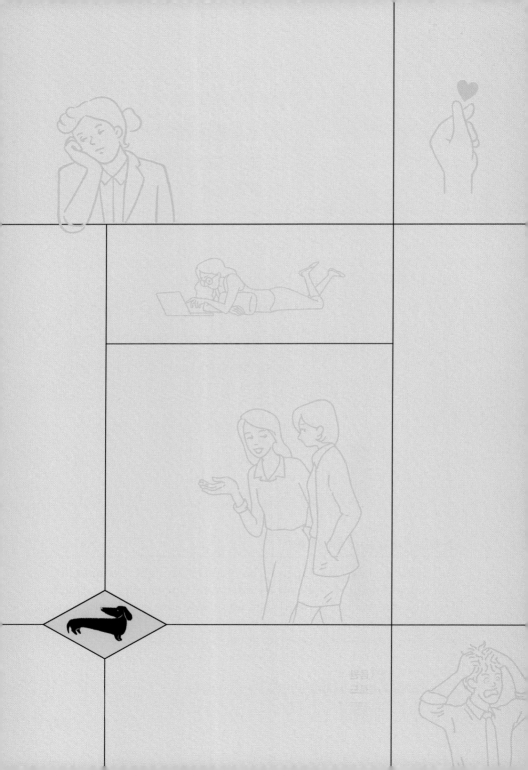

PART 5 몸짓

MP3 음원
바로 듣기 및 다운로드

093

Greeting hug
인사의 포옹

반가움에 하는 greeting hug는 친한 친구, 동료, 그리고 가족 간에 편하게 하는 포옹입니다. 이 포옹을 할 때는 상대방의 등을 가볍고 부드럽게 두드리거나(pat) 문질러(rub) 주면 금상첨화입니다. Good-bye Hug(작별의 포옹)도 마찬가지입니다. 이제부터 만나고 헤어질 때 손만 흔들지 말고 따뜻한 포옹을 나눠 보세요.

네이티브는
이 동작과 함께
이런 말을
할 거예요!

그럼 우린
어떻게
반응할까요?

DIALOGUE 1

How you been?
그동안 어떻게 지냈어?

I'm good!
잘 지냈지!

It's great to see you.
반가워.

I'm happy to see you, too.
나도 반가워.

DIALOGUE 2

I'm going to miss you.
보고 싶을 거야.

I'll miss you, too.
나도 보고 싶을 거야.

It's been great. Take care of yourself.
봐서 좋았어. 건강 잘 챙겨.

Don't be a stranger.
얼굴 좀 보고 살자.

그동안 어떻게 지냈어?	How (have) you been?
보게 되어 정말 좋다.	It's great to see you.
정말 오랜만이다.	Long time, no see.
보고 싶을 거야.	I'm going to miss you.
봐서 좋았어. 잘 지내.	It's been great. Take care of yourself.

난 잘 지내지! 넌 어때?	I'm good! What's new with you?
나도 널 보니 정말 반가워.	I'm happy to see you, too.
참 오랜만이다.	It's been too long.
나도 보고 싶을 거야.	I'll miss you, too.
얼굴 좀 보고 살자.	Don't be a stranger.

★ Don't be a stranger.
이 표현을 '낯선 사람이 되지 마'라고 직역하면 정말 어색합니다. 영어는 늘 돌려서 생각해야 합니다. '우리 만났을 때 서로 낯설게 느끼지 말자', 즉 '얼굴 좀 보고 살자', '소식 좀 전하고 지내자'라는 의미입니다.

I'll text you. 문자 보낼게.

I went out for dinner with a group of friends. As I was leaving, / Jake hugged me goodbye / and asked me to text him this week. He gave me his new phone number.

친구들이랑 저녁 먹으러 나갔어. 헤어질 때 Jake가 나에게 작별의 포옹을 하며, 이번 주에 자기에게 문자 보내라며 새 핸드폰 번호를 알려 주었어.

hug [사람] goodbye ~와 작별의 포옹을 하다   text 문자를 보내다

094

Consolation hug
위로의 포옹

consolation hug는 고통, 우울, 슬픔에 빠진 사람을 위로할 때 하는 포옹으로, 상대방을 가볍게 껴안은 상태로 등을 토닥토닥해주면 됩니다. 위로를 받는 사람이 위로하는 사람의 어깨에 머리를 기대기도 합니다.

네이티브는
이 동작과 함께
이런 말을
할 거예요!

그럼 우린
어떻게
반응할까요?

DIALOGUE 1

○ **I'm sorry for your loss.**
삼가 조의를 표합니다.

○ **Thank you.**
감사합니다.

○ **Everything will be okay.**
다 괜찮을 겁니다.

○ **You're right.**
네.

DIALOGUE 2

○ **You did your best.**
넌 최선을 다했잖아.

○ **I'm so upset.**
너무 화가 나.

○ **It's not the end of the world.**
세상이 끝난 것도 아닌데 뭐.

○ **I thought I could handle it better. I'm mad at myself.**
더 잘할 수 있을 거라 생각했는데.
스스로에게 너무 화가 나.

삼가 조의를 표합니다.	I'm sorry for your loss.
나한테 안겨.	Hold on to me.
넌 최선을 다했어.	You did your best.
세상이 끝난 건 아니야.	It's not the end of the world.
넌 장점이 많아.	You have a lot going for you.

고마워.	Thank you.
너무 슬프네.	I'm very sad.
나 자신에게 너무 화가 나.	I'm mad at myself.
더 열심히 했어야 했는데.	I should have tried harder.
같은 일은 없을 거야.	It won't be the same.

★ Hold on to me.

Hold on to me.는 '나한테 기대서 안겨'라는 말입니다. 누군가가 힘들어할 때
살짝 안아 주면서 이렇게 말하면 됩니다.

You have a lot going for you. 넌 장점이 많아.

We lost the basketball game today / because I missed the last shot.
My team was so upset / and I was mad at myself. My dad gave me a
big hug after the game / and it made me feel a little bit better.

오늘 농구 경기에서 내가 던진 마지막 슛이 안 들어가는 바람에 우리 팀이 졌어. 우리 팀원들은
매우 속상해했고 나도 나 자신에게 너무 화가 났어. 경기가 끝난 후에 아빠가 나를 꼭 안아 주셔
서 기분이 좀 나아지긴 했어.

be mad at oneself 자기 자신에게 화가 나다   make [사람] feel better ~를 기분 좋게 만들다   a little bit 조금

095

Congratulatory hug
축하의 포옹

congratulatory hug는 가족이나 친구가 입학, 졸업, 결혼, 출산, 승진, 복권 당첨과 같이 인생에서 아주 중요한 이벤트나 성공을 맞이했을 때 축하하는 의미로 해 주는 포옹입니다. 서로 껴안고, 등도 강하게 두드려 주면 금상첨화입니다.

네이티브는 이 동작과 함께 이런 말을 할 거예요!

그럼 우린 어떻게 반응할까요?

DIALOGUE 1

○ Congratulations!
축하해!

○ Thank you!
고마워!

○ You deserve it!
넌 자격이 있어!

○ I'm so proud of myself.
나도 내 자신이 무척 자랑스러워.

DIALOGUE 2

○ I knew you could do it!
난 네가 해낼 줄 알았어!

○ Thank you so much!
정말 고마워!

○ We're so proud of you!
우린 네가 너무 자랑스러워!

○ I feel amazing.
기분이 아주 좋다.

축하해!	Congratulations!
너무 잘됐다!	I'm so happy for you!
넌 자격이 있어!	You deserve it!
우린 네가 너무 자랑스러워!	We're so proud of you!
난 네가 해낼 줄 알았어!	I knew you could do it!

고마워!	Thank you!
너무 신나!	I'm pumped!
너무 기분이 좋아.	I'm so excited.
기분이 아주 좋아.	I feel amazing.
그렇게 말해 줘서 고마워.	Thanks for the kind words.

I'm so proud of you! 당신이 너무 자랑스러워!

I got a new job today. My husband was so happy for me. He gave me a big hug / and told me he was proud of me.

오늘 취직을 했어요. 남편이 아주 기뻐해 주었어요. 그는 내가 자랑스럽다면서 축하의 포옹을 진하게 해 주었어요.

be happy for ~로 기뻐하다   be proud of ~를 자랑으로 여기다

096

Teammate hug
동료 간의 포옹

teammate hug는 스포츠 경기나 공연, 대회 등에서 팀원 간에 기쁨을 나누거나 서로를 격려할 때 하는 포옹입니다. 이긴 팀은 승리의 포옹을 나누고, 진 팀은 진 대로 서로를 위로하는 포옹을 나눕니다. 승리의 기쁨을 나누는 포옹일 경우 얼싸안고 뛰거나 소리를 지르며 환호하고 서로를 들어올리기도 합니다.

네이티브는
이 동작과 함께
이런 말을
할 거예요!

그럼 우린
어떻게
반응할까요?

DIALOGUE 1

○ We're going to the finals!
결승 진출이다!

○ I can't believe this!
믿을 수가 없어!

○ Let's celebrate!
축하하자!

○ I'm in!
나도 끼워 줘!

DIALOGUE 2

○ We're taking home the trophy!
트로피는 우리가 가져간다!

○ We're the winners!
우린 챔피언이야!

○ We kicked butt!
우리가 완전 이겼어!

○ I'm so proud!
너무 자랑스러워!

와, 우리가 해냈어!	Yeah, we did it!
축하하자!	Let's celebrate!
우리가 완전히 이겼어!	We kicked butt!
우린 최고야!	We're number one!
믿기지가 않아!	Can you believe it?

믿을 수가 없어!	I can't believe it!
우리 정말 잘했어.	We were awesome.
너 정말 잘했어.	You played great.
우리 팀이 최고야!	Our team is the best!
우린 최고의 경기를 했어.	We did better than ever.

Our team is the best! 우리 팀이 최고야!

Our basketball team made it to the state finals. We won our last game in overtime / and won the state championship. After the game, / our team ran on the field / and jumped up and down / and gave everyone hugs to celebrate.

우리 농구팀이 주 결승전에 진출했어. 우린 연장전까지 간 마지막 경기에 이겨서 주 우승컵을 거머쥐었어. 경기가 끝난 후 우리는 경기장으로 달려 나가 점프를 하면서 서로 축하의 포옹을 했어.

make it to ~까지 이르다   overtime 연장전   celebrate 축하하다

097

Loving hug
애정이 담긴 포옹

미국 생활을 오래 한 저도 이제는 한국 생활에 익숙해져서 그런지 가끔 미국에 가서 친구들을 만나면 멋쩍게 서 있는 경우가 많습니다. 하지만 미국 친구들은 오랜만에 만난 제가 좋다고 껴안고 난리도 아니죠. 그래서 저도 요즘은 오버를 하면서 애정 어린 loving hug를 진하게 한답니다.

네이티브는
이 동작과 함께
이런 말을
할 거예요!

그럼 우린
어떻게
반응할까요?

DIALOGUE 1

○ You're so special to me.
너는 나한테 너무 특별한 존재야!

○ Ditto!
저도 마찬가지예요!

○ I don't know what I'd do without you.
너 없이 내가 뭘 할 수 있을까?

○ You're an amazing dad!
아빠가 최고라니까!

DIALOGUE 2

○ I love you.
사랑한다.

○ I love you more.
제가 더 사랑해요.

○ I'm glad you're my son.
네가 내 아들이라서 너무 기뻐.

○ You're the best mom ever!
엄마는 최고의 엄마예요!

넌 내게 정말 특별해.	You're so special to me.
너랑 함께라서 기뻐.	I'm glad you're in my life.
널 항상 사랑할 거야.	I will love you forever.
네가 너무 자랑스러워.	I'm so proud of you.
넌 지금 그대로 완벽해.	You're perfect the way you are.

나도 마찬가지!	Ditto!
네가 최고야.	You're the best.
내가 더 사랑해!	I love you more!
너 때문에 너무 행복해.	You make me so happy.
절대 변하지 마.	Don't ever change.

★Ditto!
'나도 마찬가지!'라는 뜻의 구어체 표현인데, [디토]가 아니라 [디도]로 발음하
니 주의하세요.

I think you're the greatest son ever! 너는 최고의 아들이야!

My son graduated from high school today. I was so happy for him!
After the ceremony, I gave him a big hug / and told him how much I
loved him / and how proud I was.

오늘 아들이 고등학교를 졸업했어. 너무 기뻤어! 졸업식이 끝난 후에 아들을 꼭 안아 주고 사랑
한다고 그리고 자랑스럽다고 말해 주었어.

graduate from ~를 졸업하다   ceremony (축하) 의식

098

Bear hug
친구와의 힘찬 포옹

곰은 종종 뒷발로 일어서서 앞발로 상대를 껴안는데, 이런 식의 힘찬 포옹을 영어로 bear hug라고 합니다. bear hug는 상대방을 살짝 껴안는 것이 아니라 큰 동작으로 마치 곰이 껴안듯이 두 팔을 벌리면서 상대를 깊이 세게 끌어안는 것을 말합니다. 때로는 사람을 안고 들어올리기도 합니다.

네이티브는
이 동작과 함께
이런 말을
할 거예요!

그럼 우린
어떻게
반응할까요?

DIALOGUE 1

○ Come here, buddy!
친구, 이리 와 봐!

○ You're squeezing me too hard.
너 날 너무 세게 안고 있잖아.

○ You're just so huggable!
넌 안기 딱 좋아!

○ Let me go!
좀 놔 줘!

DIALOGUE 2

○ You look like you need a bear hug.
너 힘찬 포옹이 좀 필요해 보이는데.

○ Leave me alone.
날 좀 내버려둬.

○ I'm going to squeeze the stuffing out of you.
강하게 안아 줄게.

○ Let me loose.
나 좀 풀어 줘.

친구, 이리 와 봐!	Come here, buddy!
넌 안기 딱 좋아!	You're just so huggable!
힘차게 포옹하자!	Time for a bear hug!
자, 꼭 좀 안아 줘.	Come on, give me a big hug.
너 힘찬 포옹이 좀 필요해 보여.	You look like you need a bear hug.

날 좀 놔 줘.	Let me go[loose].
날 좀 내버려둬.	Leave me alone.
내려놔!	Put me down!
숨을 못 쉬겠어!	I need air!
나 부서지겠어!	You're squishing me!

★teddy bear

bear 하면 장난감 곰을 가리키는 테디베어(teddy bear)가 유명하죠. 테디베어의 유래는 미국의 26대 대통령인 루스벨트 대통령이 사냥을 하다가 상처 입은 어린 곰을 불쌍히 여겨 안락사시켰다는 일화에서 그의 애칭인 Teddy라는 이름이 붙게 되었다고 합니다.

Loosen up a bit! I can't breathe. 조금만 살살! 숨도 못 쉬겠다.

I saw a couple of my college friends tonight. My old roommate gave me a huge bear hug / when he saw me. I swear I couldn't breathe because he squeezed me so hard!

오늘 밤에 대학 친구 몇 명을 만났어. 내 룸메이트였던 친구가 나를 보자 진하게 안아 주었어. 너무 강하게 안아서 숨을 쉴 수조차 없을 지경이었다니까!

swear (자기 말이 진실임을) 맹세하다 breathe 숨을 쉬다 squeeze 쥐어짜다

219

099

Group hug
단체 포옹

group hug는 딱 두 가지 상황만 생각하면 됩니다. 하나는 기상이변이나 경제난, 가족에게 벌어진 슬프고 고통스러운 일을 함께 이겨내고 서로를 껴안아 주는 상황이고, 또 다른 하나는 스포츠 경기 등에서 상대편을 이기고 나서 그룹으로 서로 껴안아 주는 상황입니다. 말 그대로 그룹(group)이 서로 희로애락을 함께하면서 껴안는(hug) 행위입니다.

네이티브는
이 동작과 함께
이런 말을
할 거예요!

그럼 우린
어떻게
반응할까요?

DIALOGUE 1

○ **Group hug!**
다 함께 안아 주자!

○ **Get in here.**
다들 이리로 모여.

○ **Everybody, come together.**
다들 모여.

○ **I needed this.**
난 이게 필요했어.

DIALOGUE 2

○ **We can't give up now.**
우린 지금 포기할 수 없어.

○ **We'll get through this.**
우린 함께 이겨 낼 거야.

○ **We have each other.**
서로가 있으니까.

○ **I needed you guys.**
난 너희들이 필요했어.

다 같이 안자!	Group hug!
이리로 다 모여.	Get in here.
우리에겐 서로가 있어.	We have each other.
다들 모여.	Everybody, come together.
너희들이 최고야.	You guys are the best.

우린 이겨 낼 거야.	We'll get through this.
우리는 함께 해냈어.	We got through it together.
너희가 있어서 다행이야.	I'm glad I have you guys.
뭉치면 힘이 생겨.	There's strength in numbers.
우리가 해내서 기뻐.	I'm happy we made it through.

We had each other's back. 우리는 서로를 지켰어.

We had a horrible storm come through last night. After it passed, /
my family and friends all hugged each other. It was a scary time / and
we were happy to make it through together.

어젯밤에 아주 대단한 폭풍우를 겪었어. 폭풍우가 지나간 후에 우리 가족과 친구들 모두 서로를
껴안았어. 너무나 무서운 시간이었고, 함께 이겨냈다는 사실에 아주 기뻤어.

horrible 무시무시한   come through 지나가다, 통과하다   make it through (고난을) 견뎌내다, 이겨내다

100

Apologetic hug
사과의 포옹

apologetic hug는 본인이 한 잘못에 대해서 상대방에게 정중하게 사과하면서 하는 포옹입니다. 팔을 뻗어 포옹하자는 뜻을 표시한 다음, 서로의 팔을 감싸 부드럽게 껴안는 동작을 합니다. 상대방이 속이 상해서 울고 있거나 화를 내는 상황일 수도 있지만, 진심은 통하겠죠?

네이티브는
이 동작과 함께
이런 말을
할 거예요!

그럼 우린
어떻게
반응할까요?

DIALOGUE 1

○ I'm sorry I hurt your feelings.
기분 상하게 해서 미안해.

○ It's alright.
됐어.

○ Are we still friends?
우리 아직 친구 맞지?

○ Yes, we're still friends.
그럼, 우린 아직 친구 맞아.

DIALOGUE 2

○ I didn't mean to make you feel bad.
널 기분 나쁘게 하려는 건 아니었어.

○ You really hurt my feelings.
나 정말 맘 상했다니까.

○ I won't do it again.
다신 안 그럴게.

○ I know you didn't mean it.
네가 일부러 그런 게 아니란 건 나도 알아.

222 몸짓

다신 안 그럴게.	I won't do it again.
내가 만회할게.	I'll make it up to you.
날 용서해 줄 수 있니?	Can you forgive me?
기분 상하게 해서 미안해.	I'm sorry I hurt your feelings.
우리 아직 친구 맞지?	Are we still friends?

됐어.	It's alright.
이해해.	I understand.
나도 미안해.	I'm sorry, too.
별일도 아닌데 뭐.	It's not a big deal.
응, 우린 아직 친구 맞아.	Yes, we're still friends.

You really hurt my feelings. 너 땜에 나 정말 맘 상했다니까.

My brother borrowed my car last week / and got into an accident. I was so mad at him! Last night he apologized / and gave me a hug. I feel a little bit better, / but I'm still mad.

남동생이 지난주에 내 차를 빌려 가서 사고를 냈어. 난 정말 화가 났어! 어젯밤에 남동생이 사과하면서 나를 껴안았어. 기분이 좀 풀어졌지만 난 아직 화가 난 상태야.

get into an accident (차) 사고를 내다   still 아직(도)

101

Kiss on the cheek
뺨에 살짝 키스하는 행동

뺨에 입술이 살짝 닿는 키스로, 보통 상대방의
팔에 손을 올리거나 포옹을 하면서 합니다. 누
군가를 만났을 때나 작별할 때 인사로 하기도
하고, 애정의 표시로 하기도 합니다.

네이티브는
이 동작과 함께
이런 말을
할 거예요!

그럼 우린
어떻게
반응할까요?

DIALOGUE 1

○ Hello! How have you been?
안녕! 어떻게 지냈어?

○ Hey there! I know, right? It
feels like ages!
안녕! 그러니까 말이야. 진짜 오랜만이야!

○ It's good to see you!
반가워.

○ You look great.
좋아 보이네.

DIALOGUE 2

○ I'm glad you came to visit.
와 줘서 고마워.

○ Me too!
나도 반가웠어!

○ Take care!
잘 지내!

○ See you later!
또 봐!

반가워!	It's good to see you!
잘 지내지? 보고 싶었어!	How are you? I missed you!
와 줘서 고마워.	I'm glad you came to visit.
곧 보자. / 또 봐!	I'll see you soon. / See ya!
잘 지내!	Take care!

난 잘 지내!	I'm great!
반가워!	Nice to see you!
어떻게 지냈어?	How have you been?
또 보자! / 안전 운전해!	See you later! / Drive safe!
전화해! / 문자 보내!	Call me! / Text me!

★ See ya! 또는 Have a good one!

헤어질 때 손을 흔들거나 악수하면서 하는 인사로 가장 흔한 표현은 누가 뭐래도 Bye!입니다. Good bye!는 조금 딱딱하고 올드한 느낌이죠. 아주 편한 사이끼리는 See ya!를 많이 쓰고, 공식적인 모임 자리 등에서는 웃음 띤 얼굴로 Have a good one!을 쓰면 격식이 있으면서도 쿨해 보입니다.

I'm happy you're here. 와 주셔서 기뻐요.

I had some family over for a cookout last night. My aunt and uncle / came. I was so happy to see them! I gave them both a big kiss on the cheek / when I saw them.

어젯밤에 가족들을 초대해서 바비큐 파티를 했어요. 이모랑 삼촌이 오셨어요. 정말 반가워서, 두 분을 보자마자 볼에 진하게 뽀뽀해 드렸어요.

have [목적어] over ~를 초대하다   cookout 야외 요리 파티

102

Kissing your fingertips
손끝에 키스하는 모습

엄지와 검지를 모은 후 이 손가락 끝에 입술을
살짝 대었다 떼는 키스입니다. 이 동작은 맛있
는 음식에 대해 이야기할 때 주로 나오는데, 그
음식이 정말 끝내줬다는 뜻입니다. 소셜미디
어에서 완벽하거나 훌륭한 것을 chef's kiss라
는 말로 표현하는데, 이 제스처에서 나온 말이
겠죠.

네이티브는
이 동작과 함께
이런 말을
할 거예요!

그럼 우린
어떻게
반응할까요?

DIALOGUE 1

o How is it?
어때?

o It's amazing!
놀라워!

o I'm glad you like it!
네가 좋아해서 다행이야.

o I love it! What's your secret?
너무 좋아! 비법이 뭐야?

DIALOGUE 2

o Did you enjoy the
cheesecake?
치즈케이크 잘 먹었어?

o It was unbelievable.
정말 대단했어.

o I'll make that again.
또 만들어 줄게.

o Good!
좋아!

너무 좋다! 비법이 뭐야?	I love it! What's your secret?
놀라워!	It's amazing!
정말 맛있었어.	It tasted so good.
정말 대단했어.	It was unbelievable.
최고였어.	It was the best.

나도 좋았어!	I enjoyed it too!
네가 좋아해서 기뻐!	I'm glad you like it!
사려가 깊네!	You're thoughtful!
너무 기뻐.	I'm so happy.
또 만들어 줄게.	I'll make that again.

That's nice of you to say. 그렇게 말씀해 주셔서 감사합니다.

I made dinner for my friends last week. Everyone loved my lasagna! Sara even kissed her fingertips / and said it was the best she's ever had.

지난주에 친구들을 위해 저녁을 만들었어요. 다들 제 라자냐를 아주 좋아했어요! Sara는 심지어 손끝에 뽀뽀까지 하면서 자기가 먹어 본 라자냐 중에 최고라고 하더라고요.

make dinner for ~에게 저녁을 만들어 주다

103

Welcome kiss
환영의 키스

입술에 살짝 쪽! 하고 빠르게 하는 키스입니다. 이 키스는 사랑하는 사람에게 빠르게 인사하는 방법인데, 부모와 아이, 연인, 아니면 절친 사이에서도 이뤄질 수 있죠. 한마디로 "안녕! 사랑해!"를 1초 만에 표현하는 스피디한 인사법입니다.

네이티브는 이 동작과 함께 이런 말을 할 거예요!

그럼 우린 어떻게 반응할까요?

DIALOGUE 1

○ Welcome! Come in!
환영해! 어서 들어와!

○ Thanks!
고마워!

○ How are you?
어떻게 지냈어?

○ I'm great!
잘 지내고 있어!

DIALOGUE 2

○ What's up?
잘 지냈어?

○ I'm not so good.
별로야.

○ Why? Is something bothering you?
무슨 일 있었어? 고민 있어?

○ I don't feel good.
컨디션이 안 좋아.

환영해! 어서 들어와!	Welcome! Come in!
집에 온 걸 환영해!	Welcome home!
왔구나!	You made it!
오늘 하루 잘 보냈어?	Did you have a good day?
오늘 하루 어땠어?	How was your day?

고마워! 보니까 반갑다!	Thank you! I'm happy to see you!
집에 오니 좋네.	It's good to be home.
여기 오니 좋네.	Good to be here.
오늘 하루 좋았어!	My day was good!

I'm glad you're home! 네가 집에 와서 기뻐!

When my daughter gets off the school bus, she always runs up to me / and gives me a big hug and quick welcome kiss. She's always so excited to be home from school.

딸은 스쿨버스에서 내리면 항상 달려와서 저를 꼭 껴안고 짧은 환영의 키스를 해요. 딸은 항상 학교 갔다 집에 오는 걸 매우 좋아합니다.

get off (탈것에서) 내리다   run up to ~로 뛰어가다

104

Kissing on top of the hand
손등에 키스하는 행동

다른 사람의 손을 잡아 입술 쪽으로 가져간 후 손등에 살짝 하는 키스로, 이때 눈을 마주치는 것이 보통입니다. 기사도적인 매너가 느껴지는 행동으로, 보통 남자들이 여자에게 하는 키스입니다. '당신을 향한 나의 존경과 열정을 표현합니다!'라고 하는 몸짓이죠.

네이티브는 이 동작과 함께 이런 말을 할 거예요!

그럼 우린 어떻게 반응할까요?

DIALOGUE 1

o It's nice to meet you.
만나서 반갑습니다.

o Nice to meet you, too.
저도 반가워요.

o Thanks for coming.
와 주셔서 감사합니다.

o Thanks for having me.
초대해 주셔서 감사해요.

DIALOGUE 2

o You look wonderful.
정말 멋지세요.

o Thanks!
고마워요!

o I'm glad you're here.
당신이 와 주셔서 기뻐요.

o You're so sweet!
정말 다정하시네요!

만나서 반갑습니다.	It's nice to meet you.
만나서 반가워요.	I'm happy to meet you.
와 주셔서 감사합니다.	Thanks for coming.
와 주셔서 기쁩니다.	I'm glad you're here.
함께 만나서 좋네요.	I'm happy we're together.

저도 반가워요.	Nice to meet you, too.
초대해 주셔서 감사해요.	Thanks for having me.
초대 고마워요.	Thanks for the invite.
올 수 있어서 기뻐요.	I'm glad we could make it.
정말 오랜만이네요!	It's been so long!

You make me happy. 너 때문에 행복해.

I went out on a date with Brian last night. When he walked me to the door at the end of the night, / he gave me a kiss on the top of my hand. It was so sweet!

어젯밤에 Brian이랑 데이트를 했어요. 밤이 끝날 무렵 그가 나를 집 앞까지 바래다주면서 내 손등에 뽀뽀해 주었어요. 정말 달콤했어요!

go out on a date with ~와 데이트하러 나가다   walk [사람] to the door ~를 문[집]까지 바래다주다

105

Body slouching in the chair

의자에 구부정하게 앉아 있는 모습

의자에 구부정하게 앉은 자세입니다. 고개를 앞으로 떨궈 몸을 숙인 모습이에요. 이런 모습은 자신감이 부족하거나 지루해하는 신호입니다. 요즘은 스마트폰을 보느라 이런 자세를 하기도 하지만요.

네이티브는
이 동작과 함께
이런 말을
할 거예요!

그럼 우린
어떻게
반응할까요?

DIALOGUE 1

○ This is boring.
너무 지루하다.

○ I think it's interesting!
난 재미있는데.

○ I wish I could go home.
집에 갔으면!

○ Leave, then.
그럼 가면 되잖아.

DIALOGUE 2

○ I don't get it.
난 모르겠어.

○ I'll explain it again.
내가 다시 설명할게.

○ Thanks!
고마워!

○ Pay attention this time.
이번엔 집중해.

너무 지루해.	This is boring.
나 갈래.	I'm going to go.
집에 갔으면.	I wish I could go home.
난 관심 없어.	This doesn't interest me.
여기 있을 이유가 없어.	I don't need to be here.

집중해.	Pay attention.
그럼 가면 되잖아.	Leave, then.
지루하지 않은데!	It's not boring!
난 재미있는데!	I think it's interesting!
우리 거의 다 끝났어.	We're almost done.

I disagree. 난 동의하지 않아.

My boyfriend and I / went to a movie theater last night. He sat slouched in the chair / and didn't even watch the movie. He told me / he was bored / and didn't like the movie. I thought / it was good.

어젯밤에 남자친구와 영화관에 갔어요. 남자친구는 의자에 구부정하게 앉아서 영화를 보지도 않았어요. 그는 영화가 지루하고 마음에 들지 않는다고 했어요. 저는 영화가 괜찮았어요.

slouch in the chair 의자에 구부정한 자세로 앉다

106

Tucking butt in
엉덩이를 집어넣는 몸짓

엉덩이 근육을 꽉 조이면서 엉덩이를 쏙
집어넣는 동작으로, 이건 주로 깜짝 놀라
거나 다칠까 봐 걱정될 때 나오는 반응이
에요. 마치 갑자기 숨이 턱 막히는 순간
처럼요.

네이티브는
이 동작과 함께
이런 말을
할 거예요!

그럼 우린
어떻게
반응할까요?

DIALOGUE 1

○ **Oh my!**
앗!

○ **Are you okay?**
괜찮아?

○ **You scared me!**
깜짝 놀랐잖아!

○ **I didn't mean to!**
일부러 그런 건 아니야!

DIALOGUE 2

○ **Watch out!**
조심해!

○ **It made me jump.**
깜짝 놀랐어.

○ **It scared me, too!**
나도 놀랐어!

○ **Take a deep breath!**
심호흡 좀 해!

앗!	Oh my! / Yikes!
조심해!	Watch out!
정말 깜짝 놀랐어!	That scared me!
놀랐잖아!	You surprised me!
깜짝 놀랐어.	It made me jump. / It startled me.

괜찮아?	Are you okay?
내가 놀라게 했네!	I scared you!
미안해!	Sorry about that!
그럴 의도는 아니었어!	I didn't mean to!
나도 놀랐어!	It scared me, too!

I didn't mean to scare you. 놀라게 하려던 건 아니었어요.

I was walking into the kitchen / when my dad was walking out. We almost ran right into each other! We scared each other really bad.

제가 부엌으로 들어가고 있을 때, 아빠는 걸어 나오고 있었어요. 우린 거의 부딪힐 뻔했어요! 서로 너무 깜짝 놀랐어요.

walk into ~ 안으로 걸어 들어가다(↔ walk out) run into ~와 충돌하다 scare 놀라게 하다

235

107

Fidgeting legs
다리를 떠는 모습

약속에 늦을까 봐 초조해하거나, 발표를 기다리며 긴장될 때, 예상치 못한 상황에 당황할 때 주로 이런 동작을 하지요. fidget은 '안절부절 못하다', '꼼지락거리다'란 뜻으로, 잠시도 가만히 못 있고 좀스럽게 떠는 상태를 말합니다. fidgeting legs는 다리를 계속 떨며 안절부절 못하는 것을 가리킵니다.

네이티브는
이 동작과 함께
이런 말을
할 거예요!

그럼 우린
어떻게
반응할까요?

DIALOGUE 1

○ **What time is it?**
지금 몇 시지?

○ **7:00.**
7시야.

○ **I'm afraid we're late.**
늦을까 봐 조마조마해.

○ **We'll be right on time.**
우리 딱 맞춰 도착할 거야.

DIALOGUE 2

○ **I think we're lost.**
우리 길을 잃은 것 같은데.

○ **We're not lost.**
길 안 잃었어.

○ **I don't know where we are.
I feel anxious.**
여기가 어딘지 모르겠는데. 불안해.

○ **I have the directions.**
나한테 약도 있어.

늘을까 봐 조마조마해.	I'm afraid we're late.
늘을 것 같은데.	We're running late.
우리 길을 잃은 것 같아.	I think we're lost.
이건 안 되는데.	This isn't working.
회의가 길어지고 있어.	The meeting is running long.

우리 딱 맞춰 도착할 거야.	We'll be right on time.
시간은 충분해.	We have enough time.
우리 길 안 잃었어.	We're not lost.
괜찮을 거야!	It will work!
너 때문에 나도 긴장돼.	You're making me nervous.

★ **The meeting is running long.**
run을 이용한 재치 있는 표현으로, run long은 회의가 '길어진다'는 의미입니다. 그럼 We are running late.의 run late는 무슨 뜻일까요? 우리가 지금 '늦어지고 있다'란 뜻입니다.

I should leave. 나 가야 해.

I got stuck in a long meeting at work today. I had a doctor's appointment at 5, / and I was so worried / I was going to be late. My friend was in the meeting with me / and she told me to stop fidgeting and tapping my toes.

오늘 회사에서 회의를 하느라고 오래 잡혀 있었어. 5시에 병원 예약이 있었는데 늦을까 봐 너무 걱정되었어. 친구도 회의에 있었는데 나한테 발 좀 그만 흔들고 발끝을 두드리지 말라더라.

get stuck 꼼짝 못 하게 되다   have a doctor's appointment 병원 예약이 있다   fidget 가만히 못 있다

108

Sitting with legs crossed at ankles

발목을 교차해 앉은 모습

누군가 의자나 소파에 앉아 있는데, 몸을 뒤로 젖힌 채 다리는 쭉 뻗고 발목만 겹쳐서 앉아 있다면 이 사람은 편안하게 휴식을 취하고 있다는 표시입니다. 여기에 손까지 뒤통수에 대고 있다면 아주 느긋한 상태죠.

네이티브는
이 동작과 함께
이런 말을
할 거예요!

그럼 우린
어떻게
반응할까요?

DIALOGUE 1

What's up?
잘 지내?

Not much. You?
그냥 그렇지 뭐. 너는?

I feel good!
난 좋아!

You look great, so comfy.
좋아 보이네. 편안해 보여.

DIALOGUE 2

Hey there!
다들 안녕!

Are you resting?
쉬는 중이야?

I needed a break.
좀 쉬어야 해서.

You look relaxed.
편안해 보이네.

쉬는 중이야.	I'm relaxing.
난 좋지!	I feel good!
좀 쉬어야 해서.	I needed a break.
쉬니까 좋다.	It feels nice to relax.
그냥 잘 쉬고 있어.	Just enjoying some downtime.

편안해 보이네.	You look comfy.
좋아 보이네.	You look great.
너 쉬는 중이야?	Are you resting?
행복해 보이네!	You look happy!
편안해 보이네.	You look relaxed.

You look happy! 행복해 보이네!

By the time I got to the restaurant, / my boyfriend was sitting at our table already. He was leaned back in his chair / with his ankles crossed. I thought he was asleep, / but he was just relaxing. I think he was happy to be done with work.

식당에 도착했을 때 남자친구는 이미 우리 자리에 앉아 있었어. 그는 발목을 꼰 채 의자에 비스 듬하게 기대어 앉아 있었어. 그가 자는 줄 알았는데, 그냥 휴식을 취하던 중이었어. 그는 일이 끝 나서 기뻤던 것 같아.

asleep 자고 있는   be done with ~를 끝내다

109

Facing body towards someone

몸이 상대를 향하는 모습

대화 중에 가슴과 상체를 상대방 쪽으로 향하고 있다면, '나 지금 네 말에 완전히 집중하고 있어!'라는 신호를 보내는 거예요.

네이티브는
이 동작과 함께
이런 말을
할 거예요!

그럼 우린
어떻게
반응할까요?

DIALOGUE 1

○ I'm listening. I think it's a good idea.
듣고 있어. 좋은 생각인 것 같아.

○ I appreciate it!
고마워!

○ I believe it could work well.
내가 보기엔 잘될 것 같아.

○ Do you really think so?
정말 그렇게 생각해?

DIALOGUE 2

○ That makes sense to me.
말이 되네.

○ I'm glad it makes sense.
말이 된다니 좋네.

○ You have a good plan.
좋은 계획이야.

○ Thanks for listening.
들어 줘서 고마워.

듣고 있어.	I'm listening. / I hear you.
네 말 뭔지 알아.	I see what you're saying.
말이 되네.	That makes sense to me.
좋은 생각인 것 같아.	I think it's a good idea.
좋은 계획이야.	You have a good plan.

고마워!	I appreciate it!
들어 줘서 고마워.	Thanks for listening.
말이 된다니 좋네.	I'm glad it makes sense.
정말 그렇게 생각해?	Do you really think so?
동의하지 않으면 말해.	Let me know if you disagree.

Thank you for paying attention! 집중해 줘서 고마워!

I coach a baseball team. I was showing the players / how to catch a fly ball. I could tell who was paying attention / because they were facing me / and watching what I was doing.

저는 야구팀을 지도하고 있습니다. 저는 선수들에게 뜬공을 잡는 법을 보여 주고 있었어요. 선수들이 저를 향해서 제가 하는 것을 보고 있었기 때문에 누가 집중하고 있는지 알 수 있었죠.

tell 알다, 구별하다 pay attention 집중하다 face 마주보다

110

Turning the back
on someone
상대에게서 등을 돌린 모습

누군가에게 등을 돌려서 온전히 뒷모습만
보이고 있다면, 그건 '난 너랑 얘기할 마음
이 전혀 없어'라는 강력한 신호예요. '나
너 별로 안 좋아하니까, 좀 저리 가 줘'라는
뜻이죠.

네이티브는
이 동작과 함께
이런 말을
할 거예요!

그럼 우린
어떻게
반응할까요?

DIALOGUE 1

○ I'm not talking to you.
나 너랑 얘기 안 해.

○ I don't care.
상관없어.

○ You're annoying.
너 진짜 짜증 난다.

○ Why are you mad?
너 왜 화났어?

DIALOGUE 2

○ I can't listen to you anymore.
나 더 이상 네 말 안 들을 거야.

○ Why?
왜?

○ I find you irritating.
너 때문에 짜증 나.

○ The feeling is mutual.
피차 마찬가지야.

너랑 얘기 안 해.	I'm not talking to you.
귀찮게 하네.	You bother me.
너 진짜 짜증 난다.	You're annoying.
너 때문에 짜증 나.	I find you irritating.
널 참을 수가 없어.	I can't stand you.

됐어! / 상관 안 해!	Fine! / I don't care.
난 됐어.	That's fine with me.
피차 마찬가지야.	The feeling is mutual.
너 왜 화났어?	Why are you mad?
나도 너랑 말 안 해.	I'm not talking to you, either.

I don't want to speak to you. 너랑 말하고 싶지 않아.

I heard / that Mary was starting rumors about me / cheating on David. She tried talking to me yesterday / and I told her / I was never going to talk to her again / and turned my back on her. I think she knows / how mad I am.

Mary가 내가 David를 속이고 바람을 피운다는 소문을 퍼뜨리고 있다는 이야기를 들었어요. 어제 그녀가 저에게 말을 걸려고 했지만, 저는 다시는 그녀와 대화하지 않을 거라고 말하고 그녀에게서 등을 돌렸어요. 그녀도 내가 얼마나 화가 났는지 알 거라고 생각해요.

start a rumor 소문을 내다   cheat on ~를 속이고 바람을 피우다

111

Tense body
경직된 모습

몸이 딱딱하게 굳고 어깨가 올라가며 팔과 다리가 뻣뻣해지는 경우가 있죠. 이것은 뭔가 기분이 상했거나 스트레스를 받고 있다는 신호일 수 있어요. 아니면, 상황이 불편해서 아직 긴장이 풀리지 않은 걸 수도 있답니다. 한마디로 '나 지금 좀 불편해!'라고 말하는 몸짓이랄까요?

네이티브는
이 동작과 함께
이런 말을
할 거예요!

그럼 우린
어떻게
반응할까요?

DIALOGUE 1

○ I feel overwhelmed.
너무 버거워.

○ What's wrong?
왜 그래?

○ I won't finish it in time.
제때 끝내지 못할 것 같아.

○ Yes, you will.
아니, 끝낼 거야.

DIALOGUE 2

○ Do I look awkward?
나 어색해 보여?

○ You look perfectly fine!
너 완전 괜찮아!

○ I feel uncomfortable.
불편해.

○ Don't worry about it.
걱정하지 마.

너무 버거워.	I feel overwhelmed.
불편해.	I feel uncomfortable.
나 그만둘래!	I quit!
난 할 수 없어.	I can't do it.
난 그게 걱정돼.	I'm worried about it.

왜 그래?	What's wrong?
너 완전 괜찮아!	You look perfectly fine!
잘하고 있어.	You're doing alright.
넌 끝낼 거야.	You'll get it done.
걱정하지 마.	Don't worry about it.

Yes, I can! 그럼, 난 할 수 있어!

The baseball game came down to the last inning. I was up to bat / and had to get a good hit / so we could score. My body was tense / and I felt really nervous. I ended up hitting a home run!

야구 경기가 마지막 이닝에 접어들었어요. 제가 타석에 들어섰고 점수를 내기 위해 좋은 안타를 쳐야 했어요. 몸이 경직되고 정말로 긴장되었어요. 결국 전 홈런을 쳤어요!

come down to ~에 이르다   bat 공을 치다   score 득점을 올리다

112

Touching base of neck
near chest

쇄골 근처를 만지는 모습

손가락 끝을 쇄골 근처의 목과 어깨가 만나는
부분에 가볍게 대는 이 제스처는 어딘가 불편
하거나 심정적으로 불안이나 긴장을 느끼고
있다는 신호입니다. 하지만 호감을 느끼고 있
는 상대에게 대화 중에 이 제스처를 하면 플러
팅의 신호로 받아들여질 수도 있어요.

네이티브는
이 동작과 함께
이런 말을
할 거예요!

그럼 우린
어떻게
반응할까요?

DIALOGUE 1

○ I don't think I can do this...
나 이거 못 할 것 같은데...

○ Don't be nervous. You'll be
fine.
긴장하지 마. 넌 잘할 수 있어.

○ Really? You think so?
정말? 그렇게 생각해?

○ Of course, I believe in you.
응, 난 널 믿어.

DIALOGUE 2

○ You seem quiet today.
너 오늘 좀 조용하네.

○ Yeah... I feel shy.
응... 좀 부끄러워.

○ That's okay. Take your time.
괜찮으니까, 천천히 해.

○ Thanks... I appreciate it.
고마워... 정말 고마워.

나 이거 못 할 것 같은데.	I don't think I can do this.
확신이 없어.	I'm unsure.
모르겠어.	I don't know.
좀 긴장돼.	I'm a little nervous.
부끄러워.	I feel shy.

긴장하지 마.	Don't be nervous.
나한테 얘기해도 돼.	You can talk to me.
내가 뭐 잘못 말했어?	Did I say something wrong?
난 널 믿어.	I believe in you.
괜찮으니까, 천천히 해.	That's okay. Take your time.

I feel shy. 부끄러워.

I ran into Luke at the bar last night. He sat by me / and we talked for a while. I kept touching my neck / and playing with my hair / and he finally asked me / if I was okay. I told him / I was feeling shy. He told me / he feels the same way!

어젯밤에 술집에서 Luke와 마주쳤어. 그는 내 옆에 앉았고, 우린 잠시 얘기를 나눴어. 내가 계속 해서 목을 만지고 머리를 만지작거리자 결국 그는 나에게 괜찮냐고 물었어. 내가 부끄럽다고 하 니까, 자기도 그렇대!

feel the same way 같은 느낌이 들다

113

Red ears
귀가 빨개진 모습

귀가 빨개지면서 뜨겁게 달아오를 때가 있
죠? 이건 보통 뭔가에 긴장하고 있다는 신
호예요. 거짓말을 하고 있거나, 당황하거나
수줍어하는 걸 수도 있어요.

네이티브는
이 동작과 함께
이런 말을
할 거예요!

그럼 우린
어떻게
반응할까요?

DIALOGUE 1

○ **Am I overdressed?**
내가 너무 과하게 입었나?

○ **You're fine!**
괜찮아!

○ **I'm feeling out of place.**
좀 어색해서.

○ **Trust me, you look great.**
내 말 믿어. 너 좋아 보여.

DIALOGUE 2

○ **I'm feeling shy.**
부끄러워.

○ **What's the matter?**
뭐가 문제야?

○ **I don't know what to say.**
무슨 말을 해야 할지 모르겠어.

○ **Just be yourself. We can talk about anything!**
그냥 평소처럼 해. 뭐든 얘기하자.

당황스러워.	I'm embarrassed.
어색해.	I feel awkward.
좀 어색해.	I'm feeling out of place.
이거 괜찮아 보여?	Does this look okay?
무슨 말을 해야 할지 모르겠어.	I don't know what to say.

그럴 필요 없어!	Don't be!
너 괜찮아!	You're fine!
그냥 평소처럼 해.	Just be yourself.
뭐가 문제야?	What's the matter?
무슨 일인지 말해 봐.	Tell me what's going on.

It's going to be fine. 괜찮을 거야.

When I got to the party, / everyone turned and looked at me. My ears got red / and I felt nervous. Mike came up to me / and told me / I looked beautiful. He was really nice to me the whole night.

파티에 도착하자 모두가 고개를 돌려 저를 쳐다봤어요. 저는 귀가 빨개지고 긴장이 됐어요. Mike 가 저에게 다가와서 아름답다고 말해 줬어요. 그는 그날 밤 내내 저한테 정말 친절했어요.

get red 빨개지다   the whole night 밤새도록

114

Burning ears
귀를 후비는 모습

우리말에 '귀가 간지럽다'란 말이 있는데, 영어
에서는 My ears are burning. 하면 '누가 내
얘기를 하고 있나 봐'라는 뜻이에요. 좋은 말일
수도 있고 나쁜 말일 수도 있겠지만,
어쨌든 누군가가 나에 대해
얘기하고 있다는 뜻이죠.

네이티브는
이 동작과 함께
이런 말을
할 거예요!

그럼 우린
어떻게
반응할까요?

DIALOGUE 1

○ **My ears are burning.**
귀가 간지럽네.

○ **Why do you say that?**
왜 그런 말을 해?

○ **Someone's talking about me.**
누가 내 얘기 하나 봐.

○ **They're not talking about you.**
걔들 네 얘기 안 해.

DIALOGUE 2

○ **Are your ears burning?**
너 귀 간지럽지?

○ **No, why?**
아니, 왜?

○ **They were talking about you.**
걔들이 네 얘기 하고 있던데.

○ **What are they saying?**
뭐라고 하는데?

귀가 간지럽네.	I feel like my ears are burning.
누가 내 얘기 하나 봐.	Someone's talking about me.
무슨 말을 하지?	What are they saying?
좋은 얘기만 하길!	I hope they're saying good things!

누가 신경이나 쓴대?	Who cares?
너 귀 간지럽지?	Are your ears burning?
걔들 네 얘기 안 하고 있어.	They're not talking about you.
와, 너 인기 많네!	Wow, you're so popular!

What are they saying? 걔들이 뭐라고 말해?

When I got to the dinner party, / I could feel my ears start burning. My friends told me / they had been talking about me / right before I walked in!

저녁 파티에 도착했을 때, 귀가 간지러운 느낌이 들었어요. 친구들이 제가 들어오기 직전에 저에 대해 이야기하고 있었다고 하더군요!

get to ~에 도착하다   burn 화끈거리다

115

Legs wide apart while standing
두 발을 벌리고 선 모습

상대방에게 위압감을 주고 싶고 본인의 존재를 강하게 어필하고 싶을 때 나오는 자세입니다. 드라마나 영화에서 경호원이나 건물의 경비원이 이렇게 서서 위압감을 표시하죠. 이 제스처는 한마디로 dominance and power(지배력과 권력)를 나타냅니다.

네이티브는
이 동작과 함께
이런 말을
할 거예요!

그럼 우린
어떻게
반응할까요?

DIALOGUE 1

○ **Why are you here?**
여긴 무슨 일이시죠?

○ **I have an appointment.**
약속이 있어서요.

○ **Who are you?**
누구시죠?

○ **I'm Sara.**
저는 Sara라고 합니다.

DIALOGUE 2

○ **I asked you to leave.**
가시라고 했습니다.

○ **I'm about to go.**
가려는 중입니다.

○ **Get out!**
가세요!

○ **Don't push me.**
밀지 마세요.

여긴 무슨 일이시죠?	Why are you here?
뭘 원하시죠?	What do you want?
여긴 내 구역입니다.	This is my space.
제가 여기 담당자입니다.	I'm in charge here.
가세요.	You need to leave.

약속이 있습니다.	I have an appointment.
제가 여기에 오기로 해서요.	I'm supposed to be here.
가려는 중입니다.	I'm about to go.
가려고 했습니다.	I was just leaving.
저는 안 갑니다!	I'm not leaving!

I have a ticket. 저는 입장권이 있어요.

When we went to the bar, / the bouncer wasn't letting anyone in / without a ticket. He stood at the door / with his arms crossed and legs in a wide stance. I was glad we had tickets / and were able to get in.

우리가 술집에 갔을 때 기도는 입장권이 없는 사람은 들여보내지 않았어요. 그 기도는 팔짱을 끼고 다리를 넓게 벌린 채 문 앞에 서 있었어요. 우리는 입장권이 있어서 통과돼 다행스러웠어요.

bouncer 기도(입구를 지키는 사람)   let [사람] in ~를 들여보내다   stance 자세

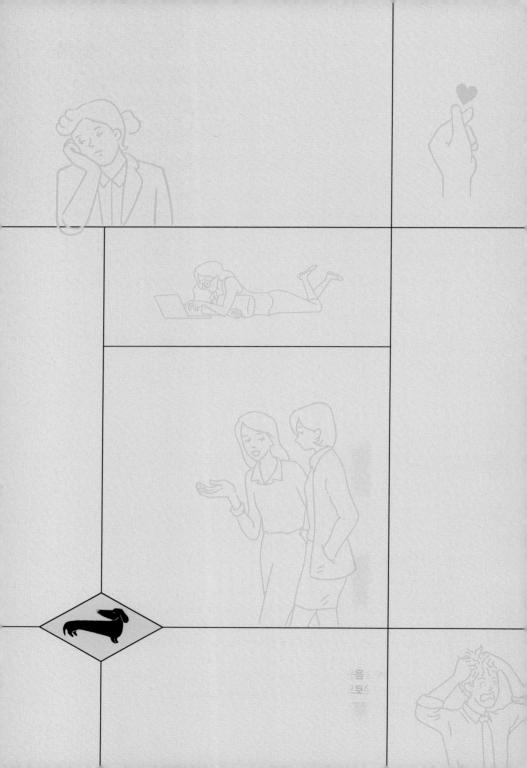

PART 6 기타

I'm a bundle of nerves!
너무 긴장돼!

116

Sweating from movement

운동해서 땀 흘리는 모습

운동하는 사람들이 움직이면서 땀을 흘리는 건 당연한 일이죠. 또, 힘을 많이 써야 하는 일을 할 때도 마찬가지예요. 예를 들어 집 청소를 하거나, 잔디를 깎거나, 세차를 하다 보면 땀이 쭉쭉 흐르죠.

네이티브는 이 동작과 함께 이런 말을 할 거예요!

그럼 우린 어떻게 반응할까요?

DIALOGUE 1

○ Phew! That was a workout!
휴! 정말 힘들었다!

○ You're sweaty.
너 땀범벅이야.

○ It's hot outside.
밖이 더워.

○ You should drink something.
뭔가 좀 마셔.

DIALOGUE 2

○ You stink!
너 냄새 장난 아니다!

○ I was playing basketball.
농구해서 그래.

○ Hit the showers!
샤워해!

○ Sorry!
미안!

휴! 정말 힘들었다!	Phew! That was a workout!
난 체육관에 있었어.	I was at the gym.
달리기하러 나갔어.	I just went for a run.
농구를 하고 있었어.	I was playing basketball.
개를 산책시키고 있었어.	I was walking the dog.

너 완전 땀범벅이네.	You're sweaty.
너 냄새 나!	You stink!
샤워해.	Hit the showers.
물 좀 마셔.	Get some water.
너 뭐 좀 마셔야겠다.	You should drink something.

Yuck! Take a shower! 웩! 샤워해!

I ran into Ryan at the gym. I had just finished my run / and was so sweaty and gross. He wanted to give me a hug to say hello, / but I told him not to.

헬스장에서 Ryan과 마주쳤어요. 난 막 달리기를 끝내서 땀에 흠뻑 젖어 엉망이었죠. Ryan이 저를 안으며 인사하려고 했지만, 제가 그러지 말라고 했어요.

run into ~와 우연히 만나다   gross 역겨운

117

Stressful sweating
스트레스로 땀 흘리는 모습

사람이 스트레스를 받으면 땀이 비 오듯 쏟아
져요. 스트레스를 받으면 몸이 '위기 상황이
야!'라고 느껴서 호흡과 심장 박동이 빨라지고,
이로 인해 체온이 올라가 땀을 줄줄 흘리게 돼
요. 스트레스는 몸도 마음도 데워 주는 이상한
히터 같은 거죠.

네이티브는
이 동작과 함께
이런 말을
할 거예요!

그럼 우린
어떻게
반응할까요?

DIALOGUE 1

○ I'm freaking out!
나 너무 스트레스 받아!

○ Why?
왜?

○ I'm working on a project.
프로젝트를 하고 있거든.

○ What can I do to help?
뭐 도와줄까?

DIALOGUE 2

○ I'm writing a paper.
나 보고서 쓰는 중이야.

○ How's it going?
잘되고 있어?

○ Not very good.
잘 안돼.

○ What's giving you trouble?
뭐가 문제인데?

나 너무 스트레스 받아!	I'm freaking out!
맞춰야 하는 마감이 있어.	I have a deadline to meet.
프로젝트를 하는 중이야.	I'm working on a project.
난 시험공부 중이야.	I'm studying for a test.
야근해야 해.	I have to work late.

진정해.	Calm down.
도움 필요해?	Do you need help?
뭐가 문제인데?	What's giving you trouble?
다 잘될 거야.	It will all work out.
너 괜찮을 거야.	You're going to be fine.

Are you sure? 정말로?

I could tell something was wrong / when I walked into Jerry's office. He was mumbling and really sweaty. He told me / he was working on a year-end report / and today was the deadline. I think he was nervous / he wouldn't get it done in time.

Jerry의 사무실에 들어섰을 때, 뭔가 이상하다는 걸 눈치챌 수 있었어요. 그는 뭐라고 중얼거리고 있었고, 땀으로 흠뻑 젖어 있었거든요. 연말 보고서를 작성 중인데, 오늘이 마감일이라고 하더군요. 제시간에 끝내지 못할까 봐 초조했던 것 같아요.

mumble 중얼거리다 year-end report 연말 보고서 get it done 완성해 내다 in time 늦지 않게

118

Fever sweating
열 때문에 땀 흘리는 모습

사람이 아프고 열이 나면 몸이 평소보다 뜨거
워지죠. 열이 나면 몸은 저절로 덜덜 떨기 시작
하는데, 이로 인해 체온이 더 올라가기도 해요.
땀은 체온 상승의 결과입니다.

네이티브는
이 동작과 함께
이런 말을
할 거예요!

그럼 우린
어떻게
반응할까요?

DIALOGUE 1

o **I'm sick.**
나 아파.

o **What's wrong?**
어디가 안 좋아?

o **I have the flu.**
독감에 걸렸어.

o **That's terrible!**
아이고, 저런!

DIALOGUE 2

o **I don't feel well.**
나 몸이 안 좋아.

o **I'm sorry to hear that.**
안타깝네.

o **I have a fever.**
열이 있어.

o **Go back to bed.**
어서 다시 누워.

열이 있어.	I have a fever.
나 아파. / 몸이 안 좋아.	I'm sick. / I don't feel well.
나 열이 오르고 있어.	I'm running a temperature.
몸이 안 좋아.	I'm not feeling well.
오늘 일하기가 힘들어.	I can't work today.

아이고, 저런!	That's terrible!
괜찮겠어?	Will you be okay?
뭐 필요한 거 있어?	Do you need anything?
병원 갈래?	Do you need a doctor?
푹 쉬어.	Rest as much as you can.

I called in sick. 병가를 냈어요.

I was so sick last week. I think I had the flu. I had a fever for a few days. I would go from being really cold / to hot and sweating. It was awful!

지난주에 정말 아팠어요. 독감이었던 것 같아요. 며칠 동안 열이 났어요. 정말 추웠다가 갑자기 뜨겁고 땀이 나는 걸 반복했어요. 정말 끔찍했어요!

have the flu 독감에 걸리다   have a fever 열이 나다   go from [A] to [B] ~하다가 …하다 (왔다갔다 하다)

119

Excessive heat sweating

찜통더위로 땀 흘리는 모습

날씨가 아주 더우면 우리 몸은 자동으로 땀을 만들어 내요. 땀을 흘리는 게 중요한 이유는 땀이 증발하면서 몸을 시원하게 만들어 주기 때문이에요. 마치 몸이 '너무 덥다고? 걱정 마, 내가 에어컨을 틀어 줄게!'라고 말하는 것 같죠.

네이티브는
이 동작과 함께
이런 말을
할 거예요!

그럼 우린
어떻게
반응할까요?

DIALOGUE 1

○ It's so hot outside.
밖이 진짜 더워.

○ Take a break.
잠깐 쉬어.

○ The humidity is awful.
습도가 장난 아니야.

○ I'll get some water.
물 좀 가져올게.

DIALOGUE 2

○ I'm really warm.
나 너무 더워.

○ Let's take a break.
잠시 쉬었다 하자.

○ I need to sit down.
앉아야겠어.

○ Find some shade.
그늘을 좀 찾자.

밖이 정말 더워.	It's so hot outside.
시원해지지가 않아.	I can't cool off.
밖이 푹푹 쪄.	It's sweltering outside.
습도가 장난 아니야.	The humidity is awful.
밖에 있기엔 너무 덥다.	It's too hot to be outside.

잠시 쉬자.	Let's take a break.
그늘을 좀 찾자.	Find some shade.
좀 앉지 그래?	Why don't you sit down?
물 좀 갖다줄게.	I'll get you some water.
들어와서 잠시 쉬어!	Come inside and relax for a bit!

Let's go inside. 안으로 들어가자.

When I got home, / Andrew was sitting on the porch, / covered in sweat. He looked awful! He had just finished pulling weeds. I told him it was too hot to work outside today, / but he did it anyway.

제가 집에 도착했을 때 Andrew는 땀에 젖은 채로 현관에 앉아 있었어요. 상태가 정말 안 좋아 보였죠! 그는 방금 잡초 뽑기를 끝냈거든요. 오늘은 밖에서 일하기엔 너무 덥다고 말했지만, 그 는 결국 그 일을 했네요.

porch 현관 covered in sweat 땀으로 범벅이 된 pull weeds 잡초를 뽑다

120

Scared sweating
무서워서 땀 흘리는 모습

두려움에 땀이 나는 건 스트레스로 인한 땀과 비슷해요. 사람이 무서움을 느낄 때, 호흡과 심장 박동이 빨라지면서 체온이 올라가죠. 그러면 갑자기 몸이 뜨거워지면서 땀을 흘리기 시작합니다. 마치 몸이 '무섭다고? 그럼 더 뜨겁게 만들어 줄게!'라고 하는 것 같죠.

네이티브는 이 동작과 함께 이런 말을 할 거예요!

그럼 우린 어떻게 반응할까요?

DIALOGUE 1

○ I'm afraid.
난 두려워.

○ Don't be afraid!
두려워하지 마!

○ I don't like it here.
난 여기가 싫어.

○ We're going to be okay.
우리 괜찮을 거야.

DIALOGUE 2

○ I need to get out of here.
나 여기서 나가야겠어.

○ We can't go anywhere.
우리 아무 데도 못 가.

○ The haunted house is scary.
귀신의 집은 겁난다니까.

○ I'll hold your hand.
내가 네 손 잡고 있을게.

난 여기가 싫어.	I don't like it here.
난 여기에 못 있겠어.	I can't stay here.
나 여기서 나가야겠어.	I need to get out of here.
난 여기 있기 싫어.	I don't want to be here.
우리 위험한 것 같아.	I think we're in danger.

두려워하지 마!	Don't be afraid!
겁먹지 마!	Don't be scared!
별거 아니야.	It's no big deal.
내가 네 손 잡고 있을게.	I'll hold your hand.
우린 괜찮을 거야.	We're going to be okay.

I hate this. 이거 정말 싫어.

We went to a haunted house over the weekend. It was stupid! There were clowns and scary guys with chainsaws. I was sweating so bad / by the time we got out of it. I'll never go to one of those again.

우린 주말에 귀신의 집에 갔어요. 완전 바보 같았죠! 광대랑 전기톱을 든 무서운 사람들이 있었거든요. 거기서 나올 때쯤 전 완전 땀범벅이 되어 있었어요. 그런 곳엔 다신 안 갈 거예요.

clown 광대 scary 무서운 chainsaw 전기톱 by the time ~할 때까지, ~할 무렵에는

121

Nervous sweating
긴장해서 땀 흘리는 모습

극도로 긴장한 사람은 손을 꽉 쥐고 안절부절못하거나, 손발을 바쁘게 움직이며 땀을 비 오듯이 흘릴 수도 있습니다. 땀이 나는 것은 감정이 땀샘에 영향을 미치기 때문이죠.

네이티브는 이 동작과 함께 이런 말을 할 거예요!

그럼 우린 어떻게 반응할까요?

DIALOGUE 1

- I'm nervous about today.
  오늘이 걱정돼.
- It will work out.
  잘될 거야.
- Are you nervous, too?
  너도 긴장되니?
- Not at all.
  전혀.

DIALOGUE 2

- Do you think it'll be okay?
  괜찮을까?
- It's going to be fine.
  괜찮을 거야.
- I'm a bundle of nerves!
  너무 긴장돼!
- There's nothing to worry about.
  걱정할 거 없어.

오늘이 걱정돼.	I'm nervous about today.
신경이 곤두서네.	This is nerve-wracking.
너무 긴장돼!	I'm a bundle of nerves!
괜찮을까?	Do you think it'll be okay?
이게 잘 끝나길 바라.	I hope this ends well.

잘 풀릴 거야.	It will work out.
나도 긴장돼!	I'm nervous, too!
괜찮을 거야.	It's going to be fine.
걱정할 거 없어.	There's nothing to worry about.
한번 지켜보자.	Let's wait and see.

You'll be fine. 괜찮을 거야.

I was at the doctor with my husband. He was sweating / and kept telling me / he was worried about the appointment. I told him / it was going to be fine, / and it was. The doctor said he was very healthy.

남편과 함께 병원에 갔어요. 남편은 땀을 흘리며 계속 진료가 걱정된다고 말했어요. 저는 남편에게 괜찮을 거라고 말했고, 정말 괜찮았어요. 의사가 남편이 매우 건강하다고 했어요.

be at the doctor 병원에 가다   sweat 땀을 흘리다   appointment 병원 예약, 진료   healthy 건강한